Dieses Buch gehört:

Das Kochbuch aus der Pfalz

aufgeschrieben und ausprobiert von

Marie-Louise Weiß

mit einem Grußwort von

Jockel Fuchs

Oberbürgermeister der Stadt Mainz

3. überarbeitete Auflage
verlegt von

Wolfgang Hölker

ISBN-Nr.: 3–88117–033–2
VVA-Nr.: 28000033–7

Martinistraße 2, 4400 Münster

Printed in Germany by Druckhaus Cramer, Greven
Imprimé en Allemagne
Musterschutz angemeldet beim Amtsgericht Münster
Buchbinderische Verarbeitung: Klemme + Bleimund, Bielefeld.

Inhalt

M.L.W.
Guten
Appetit!

Grußwort

Das Essen gehört sicher zu den liebsten Beschäftigungen des Menschen. Trotz aller Schlankheitskampagnen und Warnungen vor übermäßigem Essensgenuß, wenn zarte Bratendüfte in der Nase kitzeln, dann wird auch der Standhafteste schwach. Nicht umsonst heißt es, daß die Liebe durch den Magen geht, was zählen da schon die leidigen Kalorienwerte.
Auch ich muß bekennen, daß ich gerne und mit großem Genuß speise, wenn auch so manchesmal mit einem schlechten Gewissen. Gerade die pfälzische Küche hat einige deftige, herrlich schmeckende, aber leider auch kalorienreiche Gerichte zu bieten, die schon einmal zu einer Eßsünde verleiten können. Ich denke da nur an den Pfälzer Saumagen oder die Kartoffelsuppe um nur ein paar von den Köstlichkeiten aufzuzählen.
Die steigende Beliebtheit von Kochbüchern zeigt, daß auch heute noch gerne gekocht wird. Wie man hört, ergreift dieses ,,Laster" auch immer mehr Männer, die mit Ausdauer und Liebe zu Kochlöffel und Bratpfanne greifen.
So wünsche ich zum Schluß allen Benutzern dieses Kochbuches viel Freude und ein gutes Gelingen der Gerichte, nach den hier festgehaltenen Rezepten.

Guten Appetit!

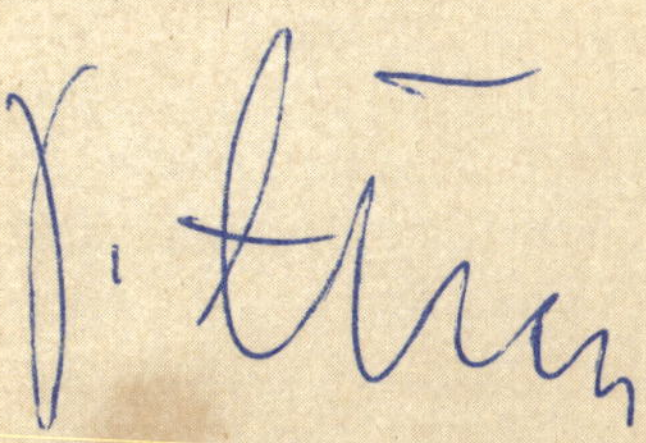

Oberbürgermeister
der Stadt Mainz

„Herrgott, häb ich mich heit widder gepanzt!“

Mit diesem Ur-Schrei pflegte der verwegenste Fresser unserer sonst ehrbaren Familie seine üppigen Mahlzeiten zu beenden. Mit einer Serviette von der Größe eines Tischtuchs um den Hals, sanft triefendes Fett im Bart, und in den Augen ein Leuchten, als habe sich eben eine überirdische Erscheinung von ihm verabschiedet, legte er Messer und Gabel beiseite und sich ins Bett. Solche opulenten Gänge mußten schon hauptberuflich verdaut werden. Gustav hieß er, war von Balzac'scher Statur und hatte einen sehr großen Bauernhof, dessen Endprodukten er sich mit Leidenschaft widmete. Die Herstellung überließ er der Familie, die vor lauter Arbeit dürr und spitznasig geworden war und den Eindruck einer verhärmten Gemeinde machte, die sich im Dienst am Goldenen Kalb verzehrte. Hätte er dieses „Kochbuch aus der Pfalz“ schon gekannt, es wäre zu seiner Lieblingslektüre geworden. Denn er konnte nicht nur lesen, er konnte auch so gut sprechen, daß er jeden Monat einmal ins ferne Berlin reiste, um als Abgeordneter der Bauernpartei knödeldicke Weisheiten ins Parlament zu röhren, das darob nicht immer sehr glücklich war. Seine Vergleiche holte er aus der pfälzischen Küche. Da flogen den piekfeinen Volksvertretern die „Lewwerknepp“ um die Ohren, der „Saumagen“ kam in jeder Rede vor und den Innenminister nannte er in einem Zwischenruf ein leeres Pastetchen, worauf der ihn in gediegener Rhetorik einen Rüpel schalt. Onkel Gustav darf ich insofern auch als den Vorkämpfer der Pfälzer Küche rühmen, als er sich selbst im feinen Hotel Adlon seine gediegenen Pfälzer Spezialitäten bruzzeln ließ. Im Speisesaal jenes berühmten Hotels war es auch, wo er einen bemerkenswerten Zwischenfall verursachte. Satt und abgeschlafft, noch mit der Serviette bedeckt und den Zahnstocher im Gebiß, entfuhr ihm dort ein Laut, wo ein kultivierter Abgeordneter absolut zu schweigen hat. Prompt spritzte am Nebentisch ein preußischer Rittmeister auf, stelzte an den Tisch, fixierte mit seinem unendlich großen Monokelauge den vieltönigen Abgeordneten und schnarrte, was die seltsame Musik wohl zu bedeuten hätte. Zischte Onkel Gustav, noch immer den Zahnstocher im Gebiß: „Männel, noch ä Wort, un ich bloos dich ganz um!“

„Das Kochbuch aus der Pfalz“ wartet mit all jenen köstlichen Gerichten auf, von denen ich in Verbindung mit dem monströsen Verwandten schon in zartem Knabenalter erfuhr. Denn kam er einmal auf Besuch, begann meine arme Mutter schon zwei Tage vorher zu kochen. Das Haus duftete nach Pfälzer Küche und es war, als stünde der höchste Pfälzer Feiertag, die Kerwe, bevor. Onkel Gustav schmatzte, schlürfte, genoß in vollen Zügen, dampfte vor Behagen und schlug hin und wieder vor Begeisterung meinem bedauernswerten Vater aufs dürre Knie, um zu zeigen, wie gut es ihm schmeckte. Und wenn er gar nicht mehr konnte und der mächtige Bauch wie ein Hünengrab sich wölbte, stöhnte er seinen heftigsten Wunsch heraus: „Wann nur mei Buckel aach noch Bauch wär!“
Verehrter Leser! Ich wünsche Ihnen, wenn Sie diese Rezepte in die köstliche Tat umsetzen, den gleichen Genuß und ebensolche Begeisterung. Gesegnete Mahlzeit!

Ihr Hansgeorg Baßler.

– Hansgeorg Baßler –

Vorwort

Die Pfalz hatte noch nie viel Platz für ,,Dollbatsche", (ungeschickte Menschen), und ,,Hannebambele" (dumme Menschen), dafür liebte sie aber schon immer ihre ,,Schnukkelschnutscher" (Süßschnäbel) und ,,Dibbegucker" (Topfgucker) denn der Pfälzer, der nicht arbeitet, sondern ,,schaffe dut", und ,,koi Fieß defor hot, um de Arwet aus'm Wech se gehe" (Keine Füße dafür, der Arbeit aus dem Weg zu gehen), schätzte und schätzt schon immer die leiblichen Genüsse recht hoch ein. Nicht umsonst gibt es das alte Pfälzer Sprichwort, ,,Wer schaffe dut, soll ach esse un drinke!" So ist die Pfälzer Küche recht abwechslungsreich, denn der neugierige und allem Guten zugetane Pfälzer hat sich so manches aus den Töpfen seiner Nachbarn abgeguckt, und es für seinen Geschmack passend zurechtgekocht, um es fortan als ,,Escht Pälzisch" zu betrachten. Das machte den Küchenzettel schon vor 100 Jahren sehr vielseitig, und die Rezepte sind es heute noch wert, Ihnen in diesem Buch, dem ,,Kochbuch aus der Pfalz", vorgestellt zu werden. Die sicher bekanntesten Pfälzer Gerichte sind zwar bestimmt der ,,Pfälzer Saumagen", die ,,Lewwerknepp", der ,,Dibbehas" oder der ,,Handkäs", aber darüber hinaus gibt es, wie Sie selber feststellen werden, eine große Fülle alter und ältester Pfälzer Rezepte, die es wert sind, nicht in Vergessenheit zu geraten.

In der Pfalz wurden schon immer wichtige Ereignisse und besondere Festlichkeiten mit ausgewählt gutem Essen und Trinken gefeiert. Wenn wir einmal in der Pfälzer Geschichte weit zurückblättern, erfahren wir, daß zum Beispiel in der Mitte des 17. Jahrhunderts die Gevattern eines Neugeborenen der Mutter folgende, eßbaren Geschenke machen mußten:

2 Hüte Zucker, 2 Pfund Korinthen, 2 Pfund Kandiszucker, 2 Pfund getrocknete Pflaumen, 2 alte Hühner, 2 Lot Muskatnüsse, (1 Lot = 16 ⅔ Gramm), 1 Lot Zimmet, 1 Lot Muskatblüte und 12 Citronen.

Dazu mußte jeder Patenonkel, und es wurden bis zu zehn ausgewählt, der Wöchnerin sechsmal ein warmes Essen, sowie Torten, bringen lassen, wobei ausdrücklich vorgeschrieben war, daß diese Gerichte ,,vorzüglich gut" sein mußten.

Volksfeste in der Pfalz sind oft schon durch die Namensgebung direkt mit Eßgenüssen verbunden. Man denke nur zum Beispiel an das „Speyerer Brezelfest“, den „Dürkheimer Wurstmarkt“ oder das „Wormser Backfischfest“. Im „Weinland Pfalz“ wird aber zum guten Essen nicht nur Wein, sondern auch gerne Bier getrunken. Es gibt hier sogar noch Privatbrauereien, wie zum Beispiel die Sonnenbrauerei, Gebrüder Kohl, in Mainz, die schon seit 1568 in der weinseligen Pfalz das Braurecht besitzt.

So passen auch sämtliche, alten Pfälzer Gerichte, die Sie in diesem Buch finden, vorzüglich zu einem kühlen Bier, auch wenn sie aus der weinfrohen Pfalz stammen. Selbstverständlich sind sehr viele Rezepte mit Wein zubereitet, und das macht sie nur noch besser. Natürlich kannte, und kennt, die alte Pfälzer Küche außer guten Suppen, eine Vielzahl anderer Gerichte, die auch heute noch oft, und fast nicht verändert, gekocht werden. Aber immer war und ist die Pfalz auch ein „Worschtland“ gewesen, und die beliebteste „Worscht“ ist die „Fleeschworscht im Ring“. Nicht umsonst lautet ein altes Pfälzer Sprichwort: „Worscht macht Dorscht, un Dorscht macht hungrisch!“. Und somit schließt sich, zur Zufriedenheit aller Pfälzer, und ganz bestimmt auch zu Ihrem Vergnügen, der alte Kreis vom „Esse un Trinke in de Palz“.

Marie-Louise Weiß

fig. 1

Suppen

Grien' Grumbeersupp'

»Grüne Kartoffelsuppe«, so heißt dieses gutbürgerliche, deftige Eintopfgericht. Die Zutaten dazu wuchsen früher in jedem »Pälzer Gaade«, und so war die preiswerte Suppe sehr beliebt. Als Beilagen zur Grumbeersupp' sind in der Pfalz Kartoffelpannkuche (Rezept Seite 50), oder ein einfacher Hefeteigkuchen mit Zwetschgen belegt gebacken, »Quetschekuche«, und ofenwarm serviert, gleichermaßen bekannt und geschätzt.

1 Kilo Kartoffeln, mehlige Qualität, 1 Stange Lauch, 1 Bund Peterle, 1 Handvoll Sellerieblätter, 1 Handvoll Spinatblätter, ersatzweise Römisch Kohl, 3 kleine Gelbrübchen, 1 $^1/_2$ Liter kräftige Fleischbrühe (eventuell aus einem Fertigprodukt zubereiten), 4 Wacholderbeeren, 1 Lorbeerblatt, 1 Messerspitze Piment, Salz, Pfeffer, Muskatnuß, $^1/_8$ Liter saure Sahne, 3 Eßlöffel Schweineschmalz

Die Kartoffeln und die Gelbrübchen schälen, und in kleine Würfelchen schneiden. Lauch, Sellerieblätter, Spinatblätter und Peterle gründlich waschen. Den Lauch in dünne Streifchen schneiden, die Sellerie- und Spinatblätter mit dem Peterle fein zerhacken.
Das Schmalz erhitzen, und die Kartoffeln mit den Gelbrübchen unter ständigem Rühren kräftig anbraten. Dann mit der heißen Fleischbrühe auffüllen, und alle Gewürze dazugeben. 25 Minuten zugedeckt kochen lassen. Danach das Gemüse dazugeben, und weitere 8 Minuten garen. Jetzt mit Salz, Pfeffer und geriebener Muskatnuß herzhaft abschmecken. Das Lorbeerblatt aus der Suppe nehmen, die saure Sahne einrühren und sofort servieren.

Lewwer-Gräupsches-Supp'

Die Leber-Gräupchen-Suppe wird sehr gerne als Vorsuppe an einem Festtag gegessen.

125 gr gemahlene Kalbsleber, 1 altbackener Wasserweck, 1 Ei, 2 Eßlöffel gehackte Petersilie, Salz, Pfeffer, Majoran
Für die Suppe 1 $^1/_4$ Liter Fleischbrühe

Den Weck zu feinen Brösel zerreiben (Nußmühle oder Reibe) und mit der gemahlenen Leber, dem Ei und der gehackten Petersilie gut verrühren.
Den Teig mit Salz, Pfeffer und einer großen Prise Majoran gut würzen.
Die Fleischbrühe zum Sieden bringen. Die Lebermasse mit einem Kochlöffel durch einen Durchschlag (grobmaschiges Sieb) in die kochende Brühe rühren. So entstehen kleine Gräupchen in der Größe von Reiskörnern. Die Suppe einmal aufwallen lassen und abschmecken.
Variante: Der fertigen Suppe kann noch einmal gehackte Petersilie oder gehackter Schnittlauch zugefügt werden.

Des eßt de Fritz so geere!

Sauer Grumbeer-Brieh

Das ist eine sehr beliebte Variation der Pfälzer Kartoffelsuppen. Dazu werden meistens Grumbeer-Pannekuche (Rezept Seite 50) gegessen. In manchen Gegenden gibt es auch Blut- oder Lewwerwerschtscher dazu.

1 Kilo Kartoffeln, 1 Stange Lauch, 2 Zwiebeln, 1/2 Sellerieknolle, 1 Bund Peterle, 1 Lorbeerblatt, 3 Nelken, 1 Eßlöffel Weinessig, 1/4 Teelöffel Majoran, Salz, Pfeffer, 1 3/4 Liter gute Fleischbrühe

Die Kartoffeln werden geschält und gewürfelt. Lauch und Zwiebeln, sowie die Sellerieknolle werden geputzt und grob gehackt. Die Fleischbrühe zum Kochen bringen, und sämtliche Zutaten darin 30 Minuten kochen. Dabei das Lorbeerblatt, Majoran und Nelken nicht vergessen. Nach 30 Minuten wird die Suppe durch einen groben Durchschlag gerührt. Jetzt kommt der Weinessig dazu. Die Suppe wird dann mit kleingehacktem Peterle, Salz und Pfeffer gewürzt, und soll noch 5 Minuten bei wenig Hitze durchziehen.

Milchweck-Einlaufsupp

3 trockene Milchweck, $^{1}/_{4}$ l Milch, 3 Eier, Muskatnuß, Salz, Pfeffer, 1 Liter Fleischbrühe

Die Milchweck in dünne Scheiben schneiden, in eine Schüssel schichten. Die Milch aufkochen, über die Weck gießen, 20 Minuten zugedeckt stehen lassen. Dann die Masse auf ein Sieb geben, und die überschüssige Milch abtropfen lassen. Jetzt die Weckmasse in eine Schüssel geben. Mit einem Schneebesen gut durchrühren bis ein glatter Teig entsteht. Die Eier dazugeben. Mit Muskatnuß und Pfeffer würzen. Die Fleischbrühe zum Kochen bringen. Den Teig mit dem Schneebesen in die kochende Brühe rühren. Zweimal aufkochen lassen. Dann mit Salz, Pfeffer und Muskatnuß abschmekken.

E rechte Summer-Supp, mit viel Gemüs'

Franzose-Supp'

In der Pfalz findet man viele Rezepte, die als »pälzisch« angesehen werden, jedoch deutlich französischen Ursprunges sind. Man ißt nicht nur sehr gern das »Franzose-Brod« (französisches Flûte), sondern auch »Franzose-Supp«.

$^{1}/_{2}$ kleiner Kopf Weißkraut, 3 Gelbrübchen, $^{1}/_{2}$ Sellerieknolle, 3 große Kartoffeln, 1 Zwiebel, 1 Knoblauchzehe, 1 kleiner Bund Peterle, 1 $^{1}/_{4}$ Liter Fleischbrühe, 2 Eßlöffel Butterfett, Salz, Pfeffer, Muskatnuß

Die Kartoffeln und die Sellerieknolle schälen und in kleine Würfel schneiden. Zwiebel und Knoblauchzehe schälen und fein zerhakken. Die Gelbrübchen und das Weißkraut putzen und in recht feine Streifchen schneiden. Den Peterle waschen und fein zerhacken. Das Butterfett erhitzen, alle Zutaten, außer dem Peterle, darin unter Rühren 10 Minuten anschmoren. Jetzt mit der heißen Fleischbrühe auffüllen. Kräftig aufkochen und bei offenem Topf 35 Minuten garen. Danach mit Salz, Pfeffer und gemahlener Muskatnuß abschmecken und den gehackten Peterle einrühren.

Geröstet-Grieß-Supp'

Diese Suppe ist, wie der Pälzer sagt »nix Besunneres«, aber sie schmeckt so gut, daß sie oft als Vorsuppe zu einem Braten gereicht wird.

¼ Pfund feiner Grieß, 4 Eigelbe, 2 Eßlöffel Butterfett, 1 gehäufter Eßlöffel Peterle, 1¼ Liter kräftige Fleischbrühe, Salz, Pfeffer

Das Butterfett erhitzen, den Grieß darin unter ständigem Rühren hellgelb rösten. Mit einem Schneebesen die heiße Fleischbrühe einrühren und die Suppe 30 Minuten garen lassen. Inzwischen die Eigelbe gut verrühren und den gewaschenen Peterle hacken. Hat die Suppe 30 Minuten gekocht, den Topf vom Herd nehmen und mit dem Schneebesen die Eigelbe und den Peterle einrühren. Noch einmal kurz aufwallen lassen und mit Salz und Pfeffer abschmecken.

Für Empfindliche die Zwiwwel-Supp durch's Haarsieb rühren!

Fein' Zwiwwel-Supp'

Die Pälzer schätzten schon seit jeher die Zwiebel nicht nur als würzende Zutat, sondern auch als Hauptbestandteil vieler leckerer Gerichte. Nicht nur der berühmte »Pälzer Zwiwwel-Kuche« ist sehr beliebt, sondern auch die »Zwiwwel-Supp«, von der es in fast jedem Haushalt eine eigene Version gibt.

10 mittelgroße Zwiebeln, ¼ Liter süße Sahne, 1¼ Liter Fleischbrühe, 1 gehäufter Eßlöffel Instant-Mehl, Salz, Pfeffer, gemahlener Kümmel, Margarine zum Braten

Die Zwiebeln schälen, halbieren und in dünne Scheiben schneiden. Die Margarine erhitzen und die Zwiebeln unter häufigem Umrühren kräftig dunkelgelb anbraten. Dann die süße Sahne dazugießen und bei wenig Hitzezufuhr im bedeckten Topf ca. 30 Minuten dämpfen. Jetzt das Mehl locker über die Zwiebelmasse streuen, gut durchrühren, und 2–3 mal aufkochen lassen. Dann die heiße

Fleischbrühe dazugießen und die Suppe bei offenem Topf 10–15 Minuten kochen lassen. Mit Salz, Pfeffer und gemahlenem Kümmel kräftig abschmecken.

Paradeiser-Supp'

(Tomaten-Suppe)

8 vollreife Paradeiser (möglichst deutsche Garten-, aber unbedingt Freilandtomaten), 2 Zwiebeln, 1/8 Liter saure Sahne, 2 Eßlöffel Instant-Mehl, 2 Eigelbe, 1 Liter Fleischbrühe, Salz, Pfeffer, 1 Messerspitze Basilikum, Margarine

Die Paradeiser waschen und mit den geschälten Zwiebeln in grobe Stücke schneiden. Margarine in einem hohen Topf erhitzen und die Paradeiser mit den Zwiebeln darin unter häufigem Rühren 10 Minuten anschmoren. Jetzt das Mehl locker darüberstreuen, unterrühren und aufkochen lassen. Dann mit der heißen Fleischbrühe auffüllen und das Basilikum dazugeben. Die Suppe 20 Minuten bei offenem Topf kochen lassen.
Inzwischen die saure Sahne mit den Eigelben gut verrühren. Ist die Kochzeit der Suppe beendet, wird sie durch ein Sieb gerührt. Die Sahne mit den verquirlten Eigelben dazugeben, und mit Salz und Pfeffer abschmecken. Vor dem Servieren noch einmal kurz aufwallen lassen.

Feine Schwemm-Klöscher-Supp'

Die Schwemm-Klößchen werden aus einem Sahne-Eierstich zubereitet und machen diese Suppe besonders fein und leicht verdaulich. Sehr wichtig ist hierbei eine gute kräftige Fleischbrühe, die man am besten am Vortage aus Knochen, einem Suppenhuhn und Gemüse (Rezept Seite 18), gekocht hat.

6 Eier, 1/4 Liter süße Sahne, Salz, Muskatnuß, 2 Eßlöffel Butter
Zur Suppe: 1 Liter gute Fleischbrühe, 1 Eßlöffel gehackter Schnittlauch

Die Eier mit Sahne, Salz und geriebener Muskatnuß gut verquirlen. Ein Steingut- oder Porzellantöpfchen gründlich mit Butter ausfetten und die Eimasse hineinfüllen. Das Töpfchen mit eingefettetem Pergamentpapier oder Alufolie und einem Bindfaden sehr gut verschließen. Wenig Wasser zum Kochen bringen. Das zugebundene Töpfchen hineinstellen, aber darauf achten, daß kein Wasser hineinlaufen kann. Die Eiermasse 1 Stunde kochen lassen. Dann den Topf öffnen, die Masse etwas abkühlen lassen und mit einem Löffel kleine Klößchen abstechen. Die Klößchen in die heiße Fleischbrühe gleiten lassen und den gehackten Schnittlauch darüberstreuen.

Eiernudel-Supp', hausgemacht

In der Blechdos' halte sich die Eiernudele auf Vorrat frisch

Früher bereitete jede gute Hausfrau, die auf ihre Kochkunst hielt, die Eiernudeln zur Suppeneinlage selber zu, und das Rezept ist auch wirklich nicht schwierig.

Für die Eiernudeln: 2 große Eier, 200 Gramm Mehl, ½ Teelöffel Salz, 1 Teelöffel Öl
Für die Suppe: 1½ Liter gute Fleischbrühe, 1 kleiner Bund Peterle, geriebene Muskatnuß, Salz, Pfeffer

Die Eier mit dem Öl und dem Salz schaumig rühren, dann löffelweise das Mehl dazugeben, bis ein fester Teig entsteht. Den Nudelteig sehr gründlich durchkneten und dann halbieren. Jede Hälfte papierdünn auf einem bemehlten Küchenbrett ausrollen und 2 Stunden trocknen lassen. Dann die Hälften getrennt locker zusammenrollen und mit einem scharfen Messer in ganz feine Streifen schneiden. Die Fleischbrühe zum Kochen bringen, die Nudeln hineingeben und, je nach Nudeldicke, 5–8 Minuten kochen lassen. Sind die Nudeln weich, wird die Suppe mit gehacktem Peterle, Salz, Pfeffer und geriebener Muskatnuß abgeschmeckt.

Metzelsupp' verfeinerte Art

Das Wort »Metzeln« wird von »Metzger«, d. h. Schlachter, abgeleitet. In der Pfalz wird die Sau nicht geschlachtet, sondern »gemetzelt«, daher auch Metzelsuppe, d. h. Schlachtsuppe.

$2\frac{1}{2}$ Liter Brühe, in der das Fleisch für die Wurstzubereitung und die Brühwürste gekocht wurde (kann beim Metzger vorbestellt werden)
1 Hausmacher Blutwürstchen, möglichst ungeräuchert, 1 Hausmacher Leberwürstchen, 2 Zwiebeln, 1 Eßlöffel Schweineschmalz oder Wurstfett, Salz, Pfeffer, Majoran, Thymian

Die Brühe so lange kochen, bis sie um die Hälfte reduziert ist. Inzwischen die Zwiebeln schälen und in kleine Würfel schneiden. Die Hausmacher Würste häuten und mit einer Gabel gut zerdrücken. Dann das Schmalz oder Wurstfett zerlassen, die Zwiebelwürfel darin goldgelb braten. Jetzt die fein zerdrückte Wurstmasse dazugeben, mit Salz, Pfeffer, zerriebenem Majoran und Thymian sehr kräftig würzen. Die Masse 10 Minuten bei wenig Hitzezufuhr braten lassen. Dann alles in die Brühe rühren. Die Metzelsupp' noch 10 Minuten bei offenem Topf einkochen lassen, abschmecken, und nach Bedarf nachwürzen, denn sie soll kräftig und herzhaft schmekken.
Als Beilage wird gerne Bauernbrot, dick bestrichen mit Wurstfett, gegessen.

Gudd' Fleeschbrieh

Wenn die Pfälzer Hausfrau ein Festessen vorzubereiten hat, und in der Pfalz wird viel und gerne gefeiert und dazu gegessen, gehört eine »gudd Fleeschbrieh« ganz einfach dazu, und es wird auch nicht mit Zutaten gespart. Damit man die Fleischbrühe entfetten kann, ist es ratsam, sie 1–2 Tage vor dem Festtag zu kochen. Wird die Fleischbrühe jeden Tag kräftig aufgekocht, hält sie sich, kühl aufbewahrt, bis zu einer Woche lang frisch, und wird immer besser.

3 Pfund Fleischknochen vom Rind, grob zerhackt, 3 Pfund Fleischknochen vom Kalb, auch mit einem gespaltenen Kalbsfuß, ebenfalls grob zerhackt, 1 Suppenhuhn, 3 Gelbrübchen, 3 große Zwiebeln, 2 Lauchstangen, 2 Peterleswurzeln, 1 kleine Sellerieknolle, 6 Pfefferkörner, 4 Gewürznelken, 1 Lorbeerblatt, 1 Eßlöffel Salz, Bratfett

In einem großen Topf reichlich Bratfett zerlassen und die grob zerhackten Knochen von allen Seiten sehr kräftig anbraten. Die Zwiebeln *mit* der Schale gut waschen, abtrocknen, und in dicke Scheiben schneiden. In einer trockenen, nicht gefetteten Eisenpfanne die Schnittflächen braun rösten und dann die Zwiebeln, ungeschält, zu den Knochen geben. Mit 6 Liter Wasser auffüllen und das gewaschene Suppenhuhn, die Nelken, das Lorbeerblatt, die Pfefferkörner und das Salz in den Topf geben. 3 Stunden kochen lassen, dabei immer wieder den sich bildenden Schaum abschöpfen. Inzwischen das Gemüse putzen und grob zerschneiden. Nach 3 Stunden Kochdauer zu den übrigen Zutaten in den Topf geben und noch 2 Stunden kochen lassen. Ist die Fleischbrühe nach insgesamt 5 Stunden Kochzeit fertig, wird sie durch ein Sieb gegossen und über Nacht kühl gestellt. Am nächsten Tage die Fettschicht entfernen und die Fleischbrühe weiterverwenden.

Woi-Supp'

Die Wein-Suppe ist ein sehr altes Gericht, das man wegen seiner Bekömmlichkeit auch gerne als Stärkungskost für Genesende und Wöchnerinnen verwendet, aber auch als leichter sommerlicher Imbiß ist sie mit Recht sehr beliebt.

1/2 Liter guter, lieblicher Weißwein, 1/2 Liter Wasser, 1/8 Liter süße Sahne, 1 flacher Teelöffel Speisestärke, 1 Stück Stangenzimt, die geriebene Schale einer ungespritzten Zitrone, Zucker nach Geschmack

Wein, Wasser, süße Sahne und Speisestärke mit einem Schneebesen gut verrühren. Den Zimt, die Nelken und die geriebene Zitronenschale dazugeben und unter Rühren aufkochen lassen. Dann die Wein-Suppe durch ein Sieb gießen und nach Geschmack süßen. Als Beilage werden halbierte Milchwecken gereicht, die, mit Butter bestrichen, im Backofen goldgelb geröstet werden.

Süss'-Most-Supp'

Wo so viel Wein angebaut wird wie in der Pfalz, wird naturgemäß nicht nur gerne Wein getrunken, sondern es wird auch viel mit Wein gekocht. Sogar mit dem süßen Traubenmost kann man eine delikate Suppe zubereiten, die früher gerne am Nachmittag, zwischen Mittagessen und Abendbrot, gereicht wurde.

1 Liter süßer Traubenmost, 1/4 Liter süße Sahne,
1 Teelöffel Speisestärke, 1 kleines Stück Stangenzimt,
3 Gewürznelken, Zucker nach Geschmack

Den Most zum Kochen bringen, dabei den sich bildenden Schaum immer wieder mit einem Löffel abschöpfen. Wenn der Most 5 Minuten gekocht hat, die Speisestärke mit der Sahne gut verrühren und in die kochende Flüssigkeit geben, dabei mit einem Schneebesen den Most gründlich durchrühren. Dann den Zimt und die Nelken dazugeben und die Mostsuppe bei wenig Hitzezufuhr 10 Minuten ziehen lassen. Anschließend nach Geschmack Zucker zufügen. Vor dem Servieren den Zimt und die Nelken entfernen, und kleine Löffelbisquits oder Zwieback als Beilage reichen.

Süss'-Milch-Supp'

Der Pälzer hat »ein Sießer Schnawwel« (Süßer Schnabel), daher findet man viele süße Gerichte, die im Sommer, mit Obstbeilagen, gerne als leichtes Hauptgericht gegessen werden. Dieses Rezept ist wohl eines der ältesten und wegen seiner einfachen und preiswerten Zubereitung noch heute beliebt.

4 Milchwecken, 4 Eigelbe, 1 guter Liter Vollmilch,
Zucker und gemahlener Zimt

Mit einer Reibe rappt man von den Milchwecken sorgfältig die braune Kruste ab. Dann schneidet man die Wecken in dünne Scheiben. Die Milch aufkochen und sofort über die Weckscheiben gießen. 15 Minuten zugedeckt ziehen lassen. Jetzt durch ein gröberes Sieb rühren. Die Eigelbe mit einem Eßlöffel Zucker verrühren und mit einem Schneebesen in die Milchsuppe rühren. Die Suppe noch einmal ganz kurz aufwallen lassen und nach Geschmack mit gemahlenem Zimt und Zucker abschmecken.

Das esse unser Kinner so gern!

Notizen & weitere Rezepte:

fig. 2

Die Bur

Landeck.

Sauerampfer-Soß'

Früher wuchs der Sauerampfer auf jeder feuchten Wiese und wurde wegen seinem feinsäuerlichen Aroma sehr gerne zu Soßen verarbeitet.

1 gute Handvoll Sauerampferblätter (ersatzweise Spinat), 3 Eßlöffel Butter, 1 Eßlöffel Mehl, 3 Eßlöffel saure Sahne, 2 Eigelbe, 1/4 Liter Fleischbrühe, Salz, Pfeffer

Die Sauerampfer- oder Spinatblätter werden geputzt, gut gewaschen und auf einem Kunststoffbrett (wegen der Saftbildung) in ganz feine Streifchen geschnitten. Die Butter wird zerlassen und das Gemüse darin kurz angedünstet. Dann mit der heißen Fleischbrühe auffüllen. Die Sahne, das Mehl und die beiden Eigelbe mit einem Schneebesen sehr gut miteinander verrühren, dabei 1 Eßlöffel von der heißen Brühe mit unterrühren. Jetzt die Brühe mit der Gemüseeinlage aufkochen, die Sahnemischung hineinrühren und 2–3mal aufkochen lassen. Mit Salz und Pfeffer würzen.
Die Sauerampfersoße wird zu hartgekochten Eiern und Quellmännern gegessen, aber auch zu gekochtem Rindfleisch.

Gudd' Soß' zu Siedfleisch oder Fisch

Der Pfälzer ißt gerne ein Stück »Siedfleisch«, wobei in vielen Familien »Gesalzenes« (eingesalzenes Rind- oder Schweinefleisch zum Kochen) bevorzugt wird.

2 große Essiggurken, 1 Eßlöffel Kapern, 1 Eßlöffel gehackter Peterle, 3 Eßlöffel Butter, 2 Eßlöffel Mehl, gut 3/8 Liter Fleischbrühe, Salz, Pfeffer

Die Gurken und die Kapern fein zerhacken. Die Butter zerlassen, das Mehl darin goldgelb anschwitzen und mit der heißen Fleischbrühe auffüllen. Dreimal aufkochen lassen. Dann die Kapern, die Gurken und den Peterle dazugeben. 5 Minuten durchziehen lassen und mit Salz und Pfeffer abschmecken.

Italienisch' Soß'

Diese herzhaft schmeckende, mit Rotwein zubereitete Soße, wird zu Fleisch serviert, wobei man die im Rezept angegebene Fleischbrühe auch durch die entstehende Bratenflüssigkeit (Fond) ersetzen kann.

1 große Zwiebel, 2 Eßlöffel frische, feingehackte Pilze (ersatzweise eingeweichte Trockenpilze aus dem Beutel), 1 Eßlöffel gehackter Peterle, 3 Eßlöffel Butter, 2 Eßlöffel Mehl, 1/4 Liter Fleischbrühe oder Bratenflüssigkeit, 1/8 Liter Rotwein, Salz, Pfeffer, Muskatnuß, Zucker

Die Zwiebel schälen und in kleine Würfelchen schneiden. Mit den gehackten Pilzen in der zerlassenen Butter goldgelb anbraten. Dann das Mehl überstäuben und so lange unter ständigem Rühren erhitzen, bis auch das Mehl goldgelb geworden ist. Nun mit der heißen Brühe oder dem Bratenfond auffüllen und den Rotwein dazugeben. Dreimal aufkochen lassen. Mit Salz, Pfeffer, gemahlener Muskatnuß und einer Prise Zucker abschmecken, und den gehackten Peterle unterrühren.

Braun' Zwiwwel-Soss'

Diese Soße wurde früher von vielen Familien, die zwar reichlich mit Nachwuchs, aber nicht mit Geld gesegnet waren, als sättigende, gutschmeckende Beilage zu einer großen Schüssel Quellmänner oder Gebrätelte gegessen.

3 große Zwiebeln, 2 Eßlöffel Mehl, 3 Eßlöffel Wurstfett, 1/4 Liter Fleischbrühe, 2 Nelken, 1 kleines Lorbeerblatt, Pfeffer, Salz, Zucker

Die Zwiebeln schälen und in Ringe schneiden. Das Wurstfett erhitzen und die Zwiebeln darin kräftig anbraten. Dann das Mehl darüberstreuen und so lange erhitzen, bis eine fast dunkelbraune, aber nicht schwarze Masse entstanden ist. Jetzt mit der heißen Fleischbrühe auffüllen. Nelken, Lorbeerblatt, Pfeffer und eine Prise Zukker dazugeben und 20 Minuten bei wenig Hitzezufuhr kochen lassen. Dann die Soße durch ein grobes Sieb passieren (Durchschlag), abschmecken, und eventuell nachwürzen.

Für Opa
zu Siedfleisch

Meerrettich-Soss'

In der Pfalz ist diese weiße Soße sehr beliebt. Sie wird zu Siedfleisch und Kochfisch, zur heißgemachten Rindswurst und zur Knowwelochsworscht gegessen.

1 große Stange Meerrettich, 4 Eßlöffel Butter, 2 Eßlöffel Mehl, 1/4 Liter Fleischbrühe, Salz, Pfeffer, eine Prise Zucker

Den Meerrettich schaben und fein rappen. Mit einem Teller zudekken. Jetzt die Butter zerlassen und das Mehl darin unter Rühren gelb werden lassen. Dann die heiße Fleischbrühe dazugeben und alles 3mal aufkochen. Den frischgeriebenen Meerrettich unter die Soße rühren, noch einmal kurz aufkochen und mit Salz, Pfeffer und Zukker abschmecken.

Weiß-Sauer-Zwiwwel-Soss'

Diese Soße ist eine Variante zu der vorherigen Braun' Zwiwwel-Soss' und wird ebenfalls zu Gequellten, Gebrätelten, aber auch zu gedünstetem Fisch und Siedfleisch gegessen.

3 große Zwiebeln, 2 Eßlöffel Mehl, 3 Eßlöffel Schweineschmalz, 3 Eßlöffel saure Sahne, 1 Teelöffel guter Weinessig, 1/4 Liter Fleischbrühe, 1 Lorbeerblatt, 1/4 Teelöffel Kümmel, Salz, Pfeffer

Die Zwiebeln schälen und in Scheiben schneiden. Das Schmalz zerlassen und die Zwiebeln darin goldgelb anbraten, dann das Mehl darüberstäuben und ebenfalls goldgelb werden lassen. Jetzt mit der heißen Fleischbrühe auffüllen, das Lorbeerblatt und den Kümmel dazugeben sowie einen Teelöffel Weinessig. 20 Minuten kochen lassen. Dann durch ein grobmaschiges Sieb rühren. Die saure Sahne dazugeben und die Soße mit Salz und Pfeffer abschmecken.

Kalte Senfsoße

Diese Soße wird besonders gerne im Sommer gegessen, und zwar zu hartgekochten Eiern, gedünstetem Fisch oder Siedfleisch.

4 hartgekochte Eier, 1/8 Liter saure Sahne, 2 Eßlöffel Salatöl, 1 Teelöffel milder Senf, Salz, Pfeffer

Die hartgekochten Eier werden mit einer Gabel sehr fein zerdrückt. Dann den Senf und das Öl in kleinen Portionen gut unterarbeiten. Jetzt die saure Sahne dazurühren und mit Salz und Pfeffer würzen.

Mal an Ostern,
zu den hartgekochten
Ostereiern machen

Kalte Schnittlauch-Soße

Schnittlauch wird, wie die Zwiebel, in der Pfalz sehr geschätzt, kein Wunder also, daß der soßenliebende Pfälzer auch eine Schnittlauchsoße zu Siedfleisch, hartgekochten Eiern oder gebratenen Hackfleischküchelchen sehr gerne ißt.

4 hartgekochte Eier, 1 Bund Schnittlauch (oder ein Päckchen tiefgekühlter Schnittlauch), 1/4 Liter saure Sahne, 3 Eßlöffel Salatöl, 1 Teelöffel milder Senf, Salz, Pfeffer

Die hartgekochten Eier mit einer Gabel sehr fein zerdrücken. Den Schnittlauch fein zerschneiden. Das Salatöl mit dem Senf und der Sahne gut verrühren.
Die Eiermasse und den Schnittlauch in Sahnecreme rühren und mit Salz und Pfeffer würzen.

Schmeckt lecker
als Kartoffelsalatsoße!

Kalt-Grien'-Soss'

Nicht nur in Frankfurt und Hessen wird die »Grien' Soß« sehr geschätzt, auch der Pfälzer mag sie zu hartgekochten Eiern, Siedfleisch oder Kochfisch sehr gerne.

6 Eigelbe, 6 Eßlöffel zimmerwarmes Speiseöl, 6 Eßlöffel zimmerwarmer, guter Weinessig, 1/2 Bund Peterle, 1 Bund Schnittlauch, 1 Gewürzgurke, 1 Teelöffel milder Senf, Salz und Pfeffer

Die Kräuter waschen und mit der Gewürzgurke fein zerhacken. Die Eigelbe mit dem Senf und einer Prise Salz gut verrühren. Dann in kleinen Portionen das Öl mit einem Schneebesen (Handmixer) gründlich unterarbeiten. So lange weiterschlagen, bis die Soße dicklich wird. Jetzt löffelweise den Essig dazugeben. Dann die gehackten Kräuter und die Gurke dazurühren und die Soße mit Salz und Pfeffer abschmecken.

Woischaumsoß', herb-süß

Der Pälzer liebt »soi gudd Soss'« (seine gute Soße), besonders zu den vielen gern gegessenen süßen Speisen. Von der Weinschaumsoße gibt es eine mehr herbe, und eine süßere Variante.

1/2 Liter herber Weißwein, 1/4 Liter Wasser, 2 Eßlöffel Zucker, 1 Teelöffel Speisestärke, 2 Eigelbe, 2 Eiweiß

Wein, Wasser und Zucker erhitzen, aber nicht kochen. Die Speisestärke mit 2 Eßlöffel Flüssigkeit aus dem Topf gut verrühren. Die übrige Weinmischung zum Sieden bringen, und die angerührte Speisestärke mit einem Schneebesen einrühren. 1–2mal aufwallen lassen. Vom Herd nehmen. Die beiden Eiweiß zu steifem Schnee schlagen, die Eigelbe gut verrühren. Die Weinsoße wieder erhitzen, die Eigelbe hineinrühren und 5 Minuten kräftig mit dem Schneebesen aufschlagen. Dann wieder vom Herd nehmen und den Eischnee mit einer Gabel ganz locker unter die Soße heben, dabei aber auf keinen Fall rühren.
Die herbe Weinschaumsoße wird lauwarm zu Dampfnudeln, Reis- oder Grießauflauf, oder Karthäuser Klößen gegessen.

Woischaumsoß', süßlich

$^1/_2$ Liter lieblicher Weißwein, $^1/_4$ Liter Wasser, 2 gehäufte Eßlöffel Zucker, 1 Teelöffel Speisestärke, 2 Eigelbe, 2 Eiweiß, die abgeriebene Schale einer ungespritzten Zitrone

Zubereitung wie bei der herben Weinschaumsoße, nur wird auch die geriebene Zitronenschale mit erhitzt.

Woischaumsoß', reiche Art

$^1/_2$ Liter lieblicher Weißwein, 8 Eier, 1 Stück Stangenzimt, Zucker

Den Weißwein mit den Eigelben gut verrühren. Den Zimt dazugeben und unter ständigem Aufschlagen mit einem Schneebesen (Handmixer) erhitzen, bis die Soße dicklich wird. Dann vom Herd nehmen. Die acht Eiweiß mit einem Teelöffel Zucker sehr steif schlagen. Den Zimt aus der Soße nehmen und den Eischnee mit einer Gabel ganz locker unter die Soße heben.

An der Silberhochzeit
zum Mandelauflauf!

fig. 3

Gemüse und Salate

Das Rezept paßt
auch gut zu
junge Kohlräbscher

Gelbrübches'-Gemüs, mit Rahmsoss'

Gelbrübchen wurden früher in jedem Hausgarten angepflanzt, und waren, mit Rahmsoße und Peterle, ein beliebtes Frühgemüsegericht.

1 Kilo ganz junge Gelbrübchen, 3 Eßlöffel Butterfett, 4 Eßlöffel süße Sahne, 1/4 Liter Fleischbrühe, 1 Eigelb, 1 Teelöffel Mehl, 1 kleiner Bund Peterle, Salz

Die jungen Gelbrübchen mit kochendem Wasser übergießen. 5 Minuten darin stehen lassen. Dann das heiße Wasser abgießen und kaltes Wasser über das Gemüse schütten. Weitere 5 Minuten stehen lassen. Danach kann man die Schalen der Rübchen mit der Hand abstreifen.
Ältere Gelbrübchen müssen gewaschen, geschabt und in längliche Stücke geschnitten werden. Dann das Butterfett erhitzen und die Gelbrübchen unter Rühren 5 Minuten andünsten. Mit der heißen Fleischbrühe auffüllen und zugedeckt dämpfen, bis sie weich sind. Inzwischen das Mehl, das Eigelb und den Rahm gut verrühren. In einem Topf 2mal aufkochen lassen, und den gehackten Peterle hineinrühren. Mit Salz abschmecken. Die Hälfte der Kochbrühe von den Gelbrübchen zu der Rahmsoße gießen, noch einmal aufkochen. Die fertiggekochten Gelbrübchen auf einem Sieb abtropfen lassen. In eine Schüssel geben, und mit der abgeschmeckten Rahmsoße vermischen.

Überbackener Carfiol

(Blumenkohl)

1 großer Blumenkohl, 4 Eßlöffel Butter, 2 Eßlöffel geriebener Hartkäse, 1 Eßlöffel Weckmehl, 1/8 Liter süße Sahne, Salz

Den Blumenkohl putzen und eine halbe Stunde in kaltes Salzwasser legen, damit eventuell vorhandenes Ungeziefer leichter entfernt werden kann. Dann in einem großen Topf Wasser mit 1/2 Teelöffel Salz zum Kochen bringen und den Blumenkohl zugedeckt darin garen, bis der Strunk weich ist (mit einem Messer hineinstechen und nachprüfen).

Inzwischen eine flache, feuerfeste Schüssel mit 2 Eßlöffel weicher Butter ausstreichen. Die Sahne mit dem geriebenen Käse und dem

Mit Salzkartoffele
ein billig Rezept
für Ultimo

Weckmehl verrühren. Den garen, abgetropften Blumenkohl in die ausgefettete Schüssel setzen, und mit der Sahnesoße übergießen. Die restliche Butter in Flöckchen auf den Blumenkohl setzen. Im vorgeheizten Backofen, Gas 4–5, Elektro 220 Grad, den Blumenkohl überbacken, bis die Creme goldbraun geworden ist.

Sparschel mit Woischaum

Diese Spargelzubereitung ist in der Pfalz schon seit Jahrzehnten geschätzt und beliebt. Gegenüber den üblichen schweren Soßen auf Butterbasis, ist dieser Weinschaum angenehm leicht, und harmoniert sehr gut mit dem Spargelaroma.

Sie brauchen dazu
1 Kilo Spargel, 2. Qualität, 2 Liter Salzwasser
Für den Weinschaum:
3/4 Liter Weißwein »Silvaner«, 4 Eigelbe, 4 Eiweiß,
20 gr Speisestärke, Salz, weißer Pfeffer.

Putzen und schälen Sie den Spargel. Brechen Sie ihn in kleinfingerlange Stücke, und kochen Sie den Spargel im Salzwasser weich. Geben Sie die Eigelbe in einen hohen Topf, und stellen Sie diesen Topf in einen zweiten, mit kochendem Wasser. Schlagen Sie die Eigelbe im Wasserbad schaumig, dabei geben Sie nach und nach die Speisestärke und den Silvaner dazu. Wenn eine schaumige Creme entstanden ist, schlagen Sie die Eiweiße mit einer Prise Salz recht steif. Heben Sie den Eischnee mit einer Gabel ganz locker unter die Eicreme, dabei pfeffern Sie leicht. Geben Sie den fertigen, abgetropften Spargel in eine tiefe Schüssel, und übergießen Sie ihn mit dem Weinschaum.

Sparschel-Rahm-Gemüs'

Beim Spargel scheiden sich die Geister, der eine schwört auf den Stangenspargel, mit zerlassener Butter übergossen, der Pfälzer, als Soßenliebhaber, gibt meist dem Spargelgemüse den Vorzug, wobei es ganz bestimmt eine Rolle spielt, daß man mit einem Spargelgemüse mehr Esser, mit weniger Spargel, zufriedenstellen kann, als bei Stangenspargel, ohne sättigende Soßen.

1 Kilo Spargel (es darf die 2. oder 3. Qualität sein)
1/4 Liter süße Sahne, 4 Eigelbe, 1 Eßlöffel Mehl, Salz

Zum Sparschel-Gemüs'
esse mir Schinke un'
neie Kardöffelscher.

Den Spargel schälen, holzige Teile abschneiden, und die Stangen in fingerlange Stücke schneiden. In kochendem Salzwasser 15 Minuten garen. Inzwischen die Sahne mit den Eigelben und dem Mehl gut verrühren und erhitzen. Aufkochen lassen, bis die Soße dicklich wird. Dann mit Salz abschmecken. Die garen Spargelstücke auf einem Sieb abtropfen lassen, in eine tiefe Schüssel schütten, und mit der dicklichen Rahmsoße vermischen.

Brockelbohne oder Bohnestampes

Dieses sehr alte Gemüsegericht wird in jeder Gegend ein bißchen anders zubereitet. Mal mit ausgeschmelztem Dörrfleisch, auch mit einem Stickel Schweinebauch zusammengekocht, mal mehr als »Stampes«, mal gröber als »Brockelscher«.

1 Kilo junge, grüne Bohnen, 500 gr Kartoffeln, 2 Zwiebeln, 1 Eßlöffel Schmalz, 3/4 Liter gute Fleischbrühe, Salz, Pfeffer, Bohnenkraut

Die Bohnen waschen, fädeln, und 2mal durchbrechen. Die Kartoffeln schälen und kleinwürfeln. Zwiebeln schälen und hacken. Schmalz zerlassen, die Zwiebeln darin weichdünsten, dann die Bohnen dazugeben, und auch ein paar Minuten dünsten. Die Kartoffeln dazugeben, und die Fleischbrühe aufgießen. Mit Salz, Pfeffer und reichlich Bohnenkraut würzen, und 40 Minuten bei mäßiger Hitze bedeckt kochen. Nach Bedarf wenig Fleischbrühe angießen, damit nichts anbrennt. Ist die Garzeit um, werden die Brockelbohne abgeschmeckt, und noch einmal gut durchgerührt. Der Bohnestampes wird mit dem Kartoffelstampfer zu einem groben Brei zerstampft.

Gefülltes Weißkraut

Gefülltes Weißkraut schmeckt sehr lecker, ist aber etwas aufwendig in der Zubereitung. Deshalb wird es von der sparsamen Pfälzer Hausfrau oft als Sonntagsgericht zubereitet.

1 großes Haupt Weißkraut.
Für die Füllung: 2 Zwiebeln, 2 altbackene Wasserwecken, 250 gr Schweinehackfleisch, 250 gr Rinderhackfleisch, 4 Eier, Salz, Pfeffer, gemahlene Nelken, Muskatnuß, Maggi

Vom Weißkrauthaupt die größten und schönsten Blätter vorsichtig ablösen. Reichlich Salzwasser zum Kochen bringen und die abgelösten Blätter darin kochen, bis sie fast weich sind. Sie müssen aber noch ihre Form behalten und dürfen nicht zerfallen. Die Krautblätter mit einem Schaumlöffel aus dem Kochwasser nehmen und in eine Schüssel mit kaltem Wasser legen. Die Zwiebeln schälen und würfeln. In zerlassenem Bratfett goldbraun anbraten. Die altbackenen Wecken mit ¼ Liter kochendem Wasser übergießen, kurz ziehen lassen und gut ausdrücken. Dann mit einer Gabel gut zerdrücken und zu den gebratenen Zwiebeln in den Topf geben. Das Hackfleisch in kleine Bröckchen zerpflücken, und auch in den Topf rühren. Alles gut durchbraten. Dann die Eier dazugeben und alles mit Salz, Pfeffer, gemahlenen Nelken, gemahlener Muskatnuß und einigen Spritzern Maggi sehr kräftig würzen. (Wenn man die Masse abschmeckt, und sie schmeckt regelrecht überwürzt, dann ist es richtig.) Unter stetigem Rühren die Fülle noch weitere 10 Minuten dämpfen. Dann vom Herd nehmen. Eine große, ausgekochte Serviette anfeuchten, und auf dem Tisch ausbreiten. Eine Lage Weißkrautblätter auf die Mitte des Tuches legen. Leicht salzen und pfeffern. Einige Löffel Fleischfülle darauf verstreichen, dann wieder Weißkrautblätter auflegen, wieder Fülle daraufverstreichen, bis beides verarbeitet ist. Den Abschluß sollen Weißkrautblätter bilden. Dann faßt man das Tuch an zwei diagonal gegenüberliegenden Zipfeln und knotet sie über der Mitte eines langen Holzlöffelstiels zusammen. Genauso verfährt man mit den beiden anderen Zipfeln. Der Krautkopf muß ganz fest eingebunden sein. In einem hohen Topf bringt man gesalzenes Wasser, dem ein Eßlöffel Butter oder Öl zugesetzt wird, zum Kochen und hängt den Weißkrautkopf hinein, wobei der Löffelstiel rechts und links über den Topfrand herausschaut. Der gefüllte Weißkrautkopf wird 65 Minuten bei mäßiger Hitzezufuhr gekocht. Dann das Weißkraut aus dem Topf heben, auf einem Sieb abtropfen lassen, und vorsichtig aus der Serviette heben.

Der gefüllte Weißkrautkopf wird, mit der geschlossenen Seite nach oben, auf eine vorgewärmte Platte gesetzt. Als Beilage sind eine dickliche Rahmsoße, oder reichlich ausgeschmelzte Dörrfleischwürfel samt Bratfett, gleichermaßen beliebt.

Tante Marie macht dazu Tomatesoß', schmeckt a' gudd

Linsen-Gemüs'

Dieses nahrhafte Gericht wurde oft in der Fastenzeit zu Gequellten gegessen, wenn Fleischgerichte nicht erlaubt waren.

500 gr getrocknete Linsen, 2 Zwiebeln, ¼ Liter Fleischbrühe, 1 Eßlöffel guter Weinessig, 1 Eßlöffel Mehl, Salz, Pfeffer, Bratfett

Die Linsen am Vorabend waschen und mit kaltem Wasser bedeckt über Nacht stehen lassen.
Am nächsten Tag das Einweichwasser abgießen. Die Linsen in einen Topf geben, mit Wasser bedecken und weichkochen. Inzwischen die Zwiebeln schälen und würfeln. Das Bratfett zerlassen, die Zwiebeln darin hellgelb andünsten. Dann die Fleischbrühe und den Essig dazugeben und alles aufkochen. Mit einem Schneebesen das Mehl einrühren. 3mal aufkochen lassen. Mit Salz und Pfeffer würzen. Die weichgekochten Linsen abgießen und mit der Soße mischen.

Käschte-Gemüs'

1 Kilo Eßkastanien, 3 Eßlöffel Butter, 1 Eßlöffel Mehl, ⅛ Liter Fleischbrühe, ⅛ Liter süße Sahne, ½ Teelöffel Zucker, Salz, Pfeffer

Die Kastanien werden kreuzweise eingeschnitten. Dann in einen Topf geben, mit Wasser bedecken und zum Kochen bringen. Ungefähr 20 Minuten kochen lassen, dann abgießen und mit kaltem Wasser abschrecken. Die Kastanien von der äußeren, festen Schale und von der dünnen braunen Haut darunter, sorgfältig befreien. In einem Topf die Butter zerlassen und die Kastanien darin 8 Minuten andünsten. Dann mit der heißen Fleischbrühe auffüllen. Das Mehl mit der Sahne gut verrühren und den Zucker zufügen. Alles in die kochende Fleischbrühe rühren. Jetzt die Hitze reduzieren und das Kastaniengemüse 15 Minuten ganz leicht »köcheln« lassen. Danach mit Salz und Pfeffer abschmecken.

Wenn man die Käschte im Herbst kocht, un' trocknet, kann man im Januar noch Gemüs' draus koche!

Schwarzwurzel-Gemies'

Die Schwarzwurzeln werden in der Pfalz sehr gerne als Beilage zum Festtagsbraten serviert.

1 Kilo Schwarzwurzeln, 3 Liter Wasser, 2 Eßlöffel Essig. Für die Soße: 4 Eßlöffel Butter, 2 Eßlöffel Mehl, 2 Eigelbe, 1/4 Liter süße Sahne, Salz, Pfeffer, Muskatnuß

Die Schwarzwurzeln putzen und sofort in kaltes Wasser, dem etwas Essig zugesetzt wurde, legen, damit sie weiß bleiben. Dann Salzwasser zum Kochen bringen und die Schwarzwurzeln darin garen, bis sie kernig weichgekocht sind, d. h. sie dürfen nicht zu weich werden. Für die Soße die Butter zerlassen, das Mehl darin hellgelb rösten und mit 1/8 Liter Kochbrühe von den Schwarzwurzeln, und der Sahne auffüllen. Dreimal aufkochen lassen. Dann die Eigelbe unterrühren und die Soße mit Salz, Pfeffer und Muskatnuß würzen. Die garen, abgetropften Schwarzwurzeln mit der Soße übergießen.

Sauerkraut, bäuerliche Art

Das Sauerkraut wurde früher in jedem Haushalt selber eingeschnitten und für den Winter in großen Steinzeugkruken aufbewahrt.

600 gr fertig eingelegtes Sauerkraut (aus der Dose oder aus dem Beutel), 3 Eßlöffel Schweineschmalz, 1 Kartoffel, 1 Zwiebel, 6 Wacholderbeeren, 1/4 Teelöffel Kümmel

Das Sauerkraut wie gewohnt weichkochen. Inzwischen die Kartoffel schälen und fein rappen. Die Zwiebel schälen und würfeln. Das Schmalz zerlassen, die Zwiebelwürfel darin hellgelb anbraten, dann das Kartoffelmus dazugeben. Zu dem weichgekochten Sauerkraut die grob zerdrückten Wacholderbeeren und den Kümmel geben, 15 Minuten kochen lassen. Dann das Sauerkraut auf ein Sieb geben, abtropfen lassen, zurück in den Topf schütten. Das Schmalz mit den Zwiebeln und der Kartoffel darüber gießen, weitere 10 Minuten bei wenig Hitzezufuhr garen.

Zum Sauerkraut
e' Räucherworscht,
hei, das gebbt
e' gudder Dorscht!

Bairisch' Kraut

Dieses Krautgericht ist bestimmt eines der ältesten und bekanntesten Zubereitungsarten. Es wird gerne zu einem guten, durchwachsenen Schweinebraten gereicht, und kommt im Winter auch sonntags auf den Tisch.

1 mittleres Haupt Weißkraut, 1/8 Liter Fleischbrühe, 6 Eßlöffel Weinessig, 1 kleines Glas Weißwein, 3 Eßlöffel Schweineschmalz oder Wurstfett, 1 Zwiebel, Salz, Pfeffer, Kümmel

Das Weißkraut putzen, vierteln und waschen. Auf einem Krauthobel recht fein schneiden. (Größere Rohkostschneide.) Das geschnittene Kraut mit 1/4 Teelöffel Salz bestreuen. Den Weinessig aufkochen und sofort über das Kraut gießen. Zugedeckt 1 Stunde stehen lassen. Danach auf einem Sieb abtropfen lassen. Die Zwiebel schälen und würfeln. Das Schmalz oder Wurstfett erhitzen, die Zwiebel darin goldgelb anbraten. Das Weißkraut gut ausdrücken und mit den Zwiebelwürfeln unter Rühren 8 Minuten in dem Fett dämpfen. Dann die Fleischbrühe dazugießen und den Kümmel darüberstreuen. Im bedeckten Topf 60 Minuten bei wenig Hitzezufuhr garen. Die überschüssige Kochbrühe abgießen, den Weißwein zufügen und bei offenem Topf weitere 8 Minuten kochen lassen. Mit Salz und Pfeffer abschmecken. Das Bairische Kraut darf nicht in der Kochbrühe aufgetragen werden, sondern wird vor dem Servieren sorgfältig abgegossen.

Kraut-Salat, warm

Der warme Krautsalat wird besonders gerne im Winter gegessen, wenn es keinen Salat mehr aus dem Hausgarten zu ernten gibt. Zu einer großen Schüssel Gebrätelte oder Gequellte, mit zerlassener Butter übergossen, ist er eine deftige Ergänzung. Besonders gut paßt er auch zu gebackenem Leberkäse oder gekochten Rippchen.

1 mittelgroßes Haupt Weißkraut, 125 Gramm Dörrfleisch, 2 Zwiebeln, 2 Eßlöffel Schmalz, 1 kleines Glas Weißwein, 2 Eßlöffel Weinessig, Salz, Pfeffer und Kümmel

De Krautsalat
esse mer zum
handfeschte Stick
Worscht!

Das Weißkraut putzen, waschen, vierteln und auf dem Krauthobel in feine Streifen schneiden. Das Dörrfleisch und die geschälten Zwiebeln in recht kleine Würfelchen schneiden. Das Schmalz zerlassen, und die Zwiebeln und das Dörrfleisch so lange darin anbraten, bis die Zwiebeln weich geworden sind. Dann das feingeschnittene Weißkraut dazugeben und kurz durchdünsten. Jetzt den Wein, den Weinessig, Salz, Pfeffer und reichlich Kümmel dazugeben und im bedeckten Topf 30 Minuten dämpfen. Danach das Kraut abkühlen lassen. Wenn es nur noch lauwarm ist, abschmecken, nachwürzen und zu Tisch geben.

Kraut-Salat, kalt

Dieser kräftige Krautsalat paßt zu jedem Gericht, zu dem auch grüner Salat harmonieren würde.

1 kleines Haupt Weißkraut, 1 kleines Haupt Rotkraut, ½ Glas Weinessig, ½ Glas Speiseöl, ⅛ Liter süße Sahne, Salz, Pfeffer

Das Weißkraut und das Rotkraut putzen, waschen, vierteln und auf dem Krauthobel in feine Streifchen schneiden. Den Essig mit dem Öl, Salz und Pfeffer gut verrühren. Das geschnittene Kraut in eine tiefe Schüssel geben, die Essig-Ölmischung darübergießen, und das Kraut 15 Minuten lang mit dem Kartoffelstampfer kräftig durchstampfen, damit es weich wird. 30 Minuten stehen lassen. Danach das Kraut auf einem Sieb abtropfen lassen, die ablaufende Brühe aber auffangen. Das Kraut in eine Schüssel geben, mit der Sahne gut vermischen und mit kleinen Protionen der aufgefangenen Krautbrühe, sowie Salz und Pfeffer gut abschmecken.

Rettich-Salat

Der deftige Rettich-Salat paßt sehr gut zur heißgemachten »Knowwelochsworscht« (Knoblauchwurst), einer Wurst im Naturdarm, die aus grobem Schweinebrät und viel Knoblauch besteht. Aber auch zu »geräuscherter Brodworscht« (geräucherte Bratwurst), einer luftgetrockneten, kurz angeräucherten Bratwurst, die heiß gemacht wird, paßt er vorzüglich.

Onkel Fritz
eßt zum Rettichsalat
lieber Siedfleisch

2 große weiße Rettiche, 2 Eßlöffel Weinessig, 4 Eßlöffel Speiseöl, Salz, Pfeffer

Rettiche waschen, ganz dünn schälen und auf einem Gurkenhobel in feine Scheibchen schneiden. Die Rettichscheiben kräftig salzen und 30 Minuten stehen lassen. Dann in ein Sieb schütten und gut ausdrücken. Öl und Essig gründlich verrühren, etwas Pfeffer zufügen und mit den Rettichscheiben mischen. 15 Minuten ziehen lassen, abschmecken, eventuell nachwürzen, und zu Tisch geben.

Carfiol-Salat
(Blumenkohl-Salat)

Da in der Pfalz seit jeher sehr schöner Blumenkohl gedeiht, ist es verständlich, daß die einfallsreiche Hausfrau ihn nicht nur als Gemüse, sondern auch als gut schmeckenden Salat zu Tisch gibt.

1 großer Kopf Blumenkohl, 3 hartgekochte Eier,
4 Eßlöffel Speiseöl, 2 Eßlöffel Weinessig, Salz, Pfeffer

Den Blumenkohl putzen, in mundgerechte Röschen zerteilen und eine halbe Stunde in Salzwasser legen. Danach in einem hohen Topf gesalzenes Wasser zum Kochen bringen und die Blumenkohlröschen darin »bißfest«, also nicht zu weich, kochen. Dann auf einem Sieb abtropfen lassen. Inzwischen die hartgekochten Eier mit einer Gabel sehr fein zerdrücken. Dabei nach und nach das Öl und den Essig mit unterarbeiten. Die Soße mit Salz und Pfeffer würzen, und die abgetropften Blumenkohlröschen gut damit durchmischen. Den Salat 20 Minuten ziehen lassen, abschmecken und eventuell nachwürzen.

Sparschel-Salat mit Eier

In der Spargelzeit wird der Spargelsalat gerne als feines Abendessen gegessen, oft zum Fleesch-Knopp (Rezept Seite 57), aber auch zu gekochtem Schinken.

1 Kilo Spargel, unsortiert oder 2. Qualität, 2 Liter Salzwasser
Für die Soße: 3 Eßlöffel Öl, 1 Eßlöffel Weinessig, 4 hartgekochte Eier, Salz, weißer Pfeffer.

Schälen und putzen Sie den Spargel. Dann brechen Sie die Stangen in kleinfingerlange Stücke, und kochen sie in Salzwasser nicht ganz weich. Inzwischen teilen Sie die hartgekochten Eier in Eigelbe und Eiweiß. Hacken Sie das Eiweiß klein. Zerdrücken Sie die Eigelbe mit der Gabel, und arbeiten Sie dabei das Öl mit unter. Dann rühren Sie den Essig ein, und salzen und pfeffern. Lassen Sie den garen Spargel abtropfen, und mischen Sie ihn mit der Soße durch. Vor dem Servieren streuen Sie das gehackte Eiweiß darüber.

Grumbeere-Salat, deftige Art

Die gekochten Kartoffeln mit kaltem Wasser abschrecken, dann schälen Sie sich leichter!

1 Kilo Salatkartoffeln, 200 gr Dörrfleisch, 1/8 Liter Fleischbrühe, 4 Eßlöffel Speiseöl, 2 Eßlöffel Weinessig, Salz, Pfeffer und Kümmel

Die Salatkartoffeln mit der Schale weichkochen und abpellen. Dann in dünne Scheiben schneiden und sofort mit der heißen Fleischbrühe übergießen. Das Dörrfleisch in kleine Würfel schneiden und in dem Öl glasig braten. Jetzt das Öl mit den Dörrfleischwürfeln über die Kartoffeln gießen und gut durchmischen. Dann den Essig, Kümmel, Salz und Pfeffer zufügen und noch einmal durchmischen. 15 Minuten ziehen lassen. Danach den Salat noch einmal abschmekken, und lauwarm zu Tisch geben.

Brunnenkresse-Salat

Früher konnte man auf dem Dorf überall mühelos frische Kresse schneiden, und aß sie im Frühjahr besonders gerne als Salat zu hartgekochten Eiern oder gebratenen Fleischgerichten.

2 Kästchen Kresse, 4 Eßlöffel Speiseöl, 2 Eßlöffel Weinessig, Salz, Pfeffer.

Die Kresse mit der Küchenschere abschneiden, auf ein Sieb geben, gründlich waschen und gut abtropfen lassen. Den Essig gut mit Salz und Pfeffer verrühren. Die abgetropfte Kresse in eine Schüssel geben, den Essig darübergießen und 5 Minuten stehen lassen. Dann den Essig abgießen. Die Kresse mit dem Öl durchmischen und pfeffern.

fig. 4

Kartoffelgerichte

Die Kinner esse Franzose-Kartoffele gerne mit Mayonaise

Geröschtete Grumbeere auf Franzose-Art

Diese Zubereitungsweise läßt an die bekannten Pommes-frites denken, jedoch hat ihr der Pfälzer eine eigene Note gegeben, indem er keine »französischen Stäbchen«, sondern »Pälzer Scheibscher« (Scheibchen) schneidet.

1 Kilo Kartoffeln, 1 1/4 Liter Speiseöl, Salzwasser

Die Kartoffeln werden geschält und in dünne Scheiben geschnitten. Dann legt man sie in eine Schüssel mit kaltem Salzwasser. Inzwischen wird in einem hohen Topf das Öl erhitzt. Wenn ein Holzlöffelstiel beim Hineinhalten in das Öl Blasen wirft, ist die richtige Temperatur erreicht. Jetzt werden die Kartoffelscheiben mit einem reinen Tuch sehr gründlich abgetrocknet und portionsweise mit einem Schaumlöffel in das siedende Öl gegeben. Vorsicht, es kocht leicht über! Wenn die Kartoffelscheiben goldgelb aussehen, werden sie mit dem Schaumlöffel aus dem Öl genommen und auf eine vorgewärmte Platte gegeben. Mit feinem Salz bestreut, werden die gerösteten Kartoffeln nach Franzose-Art, als Beilage zu gebratenem Fisch oder Fleisch gereicht.

Gebrätelte Woi-Grumbeere

Das ist ein typisches Pfälzer Gericht. Mit Kartoffeln und Wein gekocht, preiswert, aber sehr fein. Lecker als einfaches Hauptgericht, oder Beilage zu Wild oder Schweinebraten.

3 Pfund Kartoffeln, 3 Zwiebeln, 3 Eßlöffel Schweineschmalz, 1 Glas Weißwein, 1/8 Liter Fleischbrühe, 1 Lorbeerblatt, Salz und Pfeffer

Die Kartoffeln schälen, waschen und in dünne Scheiben schneiden. Die Zwiebeln schälen und würfeln. Das Schmalz zerlassen, die Zwiebelwürfel darin goldgelb anbraten. Dann die Kartoffelscheiben dazugeben und alles bei starker Hitze 10 Minuten unter häufigem Wenden anbraten. Nach dem kräftigen Anbraten, wobei sich braune Krüstchen bilden müssen, mit Wein und Fleischbrühe und

Lorbeerblatt auffüllen. Im zugedeckten Topf 30 Minuten garen, bis die Kartoffeln ganz weich geworden sind. Dann den Topf öffnen und nochmals 10 Minuten garen, dabei soll die überschüssige Flüssigkeit verdunsten. Das Lorbeerblatt entfernen, die Kartoffeln mit Salz und Pfeffer würzen.

Sauer Gebrätelte, andere Art

1 Kilo Kartoffeln, 2 Zwiebeln, 1/4 Liter Weißwein,
4 Eßlöffel Schmalz, Salz, Pfeffer, Muskatnuß

Die Kartoffeln waschen und mit der Schale garkochen. Dann abpellen und die Kartoffeln in kleine Würfeln schneiden. Die Zwiebeln schälen und kleinwürfeln. Das Schmalz zerlassen und die Kartoffelwürfel mit den Zwiebelwürfeln darin so lange anbraten, bis die Kartoffeln braune Krüstchen haben. Nun den Weißwein dazugießen. Die Kartoffeln mit Salz, Pfeffer und gemahlener Muskatnuß kräftig würzen und so lange im offenen Topf garen, bis der Wein fast ganz von den Kartoffeln aufgenommen ist. Nochmals abschmekken, und eventuell nachwürzen.

Sauer-Soss'-Grumbeere

Bei diesem Gericht, das zu Deutschem Beefsteak, aber auch zu gebratenem Fisch gegessen wird, zeigt sich wieder die Pfälzer Vorliebe für das Pikant-Säuerliche.

1 Kilo Kartoffeln, 3 Zwiebeln, 1/4 Liter Fleischbrühe,
2 Eßlöffel Weinessig, 3 Eßlöffel Schmalz, Salz, Pfeffer, Kümmel

Die Kartoffeln schälen, waschen und in dünne Scheiben schneiden. Die Zwiebeln schälen, halbieren und in Ringe schneiden. Das Schmalz zerlassen und Zwiebeln und Kartoffeln darin 10 Minuten unter häufigem Wenden anbraten. Dann die Fleischbrühe und den Essig, sowie den Kümmel dazugeben. Bei geschlossenem Topf 30 Minuten garen, bis die Kartoffeln fast musig sind. Mit Salz und Pfeffer abschmecken.

Die doppelte Menge machen, da hauen alle rein!

Majorangrumbeere, bäuerliche Art

Eines der beliebtesten Gewürze in der Pfalz ist der Majoran, der früher in jedem Gewürzgarten seinen festen Platz hatte. Kein Wunder, daß die Majorankartoffeln in ihrer üppigen Zubereitung schon ein eigenständiges Gericht darstellen. Mit Majorankartoffeln wird aber auch oft die Festtagsgans gefüllt.

3 Pfund Kartoffeln, 300 gr Dörrfleisch, 3 Eßlöffel Schmalz, 1 Eßlöffel Majoran, Salz, Pfeffer

Die Kartoffeln schälen, waschen und in ca. 2 cm große Würfel schneiden. Das Dörrfleisch in Streifen schneiden und recht fein würfeln. Das Schmalz erhitzen, die Dörrfleischwürfel darin kurz anbraten, dann die Kartoffelwürfel dazugeben. Kurz durchschmoren, den Majoran darüberstreuen und im bedeckten Topf etwa 25 Minuten garen. Dabei desöfteren kontrollieren, damit die Kartoffeln nicht anbrennen. Werden die Kartoffeln zu trocken, einen sehr kleinen Schuß heißes Wasser zufügen. Sind die Kartoffeln weich, werden sie mit Salz und reichlich Pfeffer gewürzt.

Grumbeerknepp, ganz feine Art

Diese Klöße passen zu allen Fleischgerichten.

12 große, mehlig kochende Kartoffeln, 125 Gramm Butter, 4 Eier, 1 Zwiebel, 1 kleiner Bund Peterle, Salz, Pfeffer und Muskatnuß

Die Kartoffeln am Vortage mit der Schale weichkochen und abpellen. Am nächsten Tag durch eine Kartoffelpresse drücken. Dann die Zwiebel schälen und fein hacken. Den Peterle waschen und auch fein zerhacken. Die Butter zerlassen, die Zwiebelwürfel und den Peterle darin 5 Minuten andünsten. Mit der Butter unter die Kartoffelmasse rühren. Die Eier nach und nach unter den Teig geben. So lange gut durcharbeiten, bis ein glatter Teig entsteht. Mit Salz, Pfeffer und Muskatnuß harmonisch würzen. Einen großen Topf mit gesalzenem Wasser zum Kochen bringen. Mit nassen Händen Klöße formen, und sie 15 Minuten sieden lassen.

Die Knepp zu Wild – hm – das schmeckt!

Grien' Knepp

Die Grünen Klöße werden als einfaches Hauptgericht, mit reichlich ausgeschmelzten Dörrfleischwürfeln und Kopfsalat gegessen. Sie sind aber auch eine sehr delikate Beilage zu allen Fleischgerichten.

4 altbackene Wasserwecken, 200 Gramm Blattspinat oder Römisch Kohl, 1 großer Bund Peterle, 125 Gramm Dörrfleisch, 125 Gramm Butter, 2 Eier, Salz, Pfeffer, Muskatnuß, Mehl und Milch

Die Wecken in recht kleine Würfel zerschneiden und mit wenig kochender Milch übergießen. 15 Minuten zugedeckt stehen lassen. Inzwischen den Spinat oder Römisch Kohl putzen, waschen und auf einem Sieb mit kochendem Wasser überbrühen. Dann das Gemüse mit dem gewaschenen Peterle ganz fein zerhacken. Das Dörrfleisch in kleine Würfelchen schneiden. Dic Butter zerlassen und die Dörrfleischwürfelchen darin 5 Minuten anbraten. Jetzt die eingeweichten Wecken gut ausdrücken, in eine Schüssel geben und mit einer Gabel gründlich durcharbeiten. Dann die Butter mit den Dörrfleischwürfeln, die gehackte Spinat- und Peterlemasse und die beiden Eier dazugeben und gut durchrühren. Löffelweise Mehl dazugeben, bis ein formbarer Teig entstanden ist. Den Teig mit Salz, Pfeffer und gemahlener Muskatnuß würzen. In einem hohen Topf Salzwasser zum Kochen bringen und mit nassen Händen aus der Masse Klöße formen. Die Klöße in ca. 15 Minuten garziehen lassen.

Hoorische Knepp

Aus dem Westrich stammt dieses Kartoffelgericht. Der Name kommt von »Haarig«, weil die Klöße, mit etwas Phantasie betrachtet, durchaus ein »Haariges Aussehen« aufweisen. Gegessen werden sie zu vielen Gerichten, zu Schweinspfeffer (Rezept Seite 56) zu allen Wildgerichten (Rezepte Seite 68–72) aber auch nur mit ausgeschmelztem Speck und Rahm übergossen, zur Schüssel mit grünem Salat.

1 Kilo rohe, geriebene Kartoffeln, gut ausgedrückt, 1 Pfund gekochte, geriebene Kartoffeln, 100 gr Weckmehl, 2–3 Eier, je nach Größe, 1–2 Eßlöffel Mehl, Salz, 3 Liter Salzwasser.

Verarbeiten Sie die rohen Kartoffeln mit den gekochten Kartoffeln, dem Weckmehl und den Eiern zu einem festen Teig. Je nach Bedarf geben Sie etwas Mehl darunter. Dann salzen Sie den Teig, und formen daraus mit nassen Händen kleinkinderfaustgroße Klöße. Lassen Sie die Klöße 15–18 Minuten in siedendem Salzwasser garziehen.

Grumbeer-Pannekuche

Für's Karlsche 2X die Woche machen!

Die Kartoffel-Pannekuche werden meistens zu einer handfesten Kartoffelsuppe gegessen, und sind ein bevorzugtes Winter-Essen.

1 Kilo Kartoffeln, 2 Eier, 50 Gramm Grieß, 1 Zwiebel, 1 Bund Schnittlauch, Salz, Pfeffer, Muskatnuß, Öl zum Backen

Die Kartoffeln schälen, waschen und auf einer Kartoffelreibe grob reiben. Auf ein Sieb geben und 5 Minuten abtropfen lassen. Inzwischen die Zwiebel schälen und feinhacken. Den Schnittlauch in feine Röllchen schneiden. Die Kartoffelmasse mit den Eiern, dem Grieß, der Zwiebel und dem Schnittlauch gut durchrühren. Mit Salz, Pfeffer und gemahlener Muskatnuß kräftig würzen. Das Öl in einer Pfanne erhitzen und aus dem Kartoffelteig handtellergroße Pannekuche backen, die von beiden Seiten sehr schön knusprig sein sollen.

Buwespitzle oder Schupfnudele

Zu diesem Kartoffelgericht wird meistens Sauerkraut und Bratwurst gegessen.

1 Kilo gekochte Kartoffeln, 1 Ei, Salz, Pfeffer, Muskatnuß, 1–2 Eßlöffel Mehl, 2 Liter Salzwasser zum Sieden, 2 Eßlöffel Schmalz zum Braten

Die gekochten Kartoffeln werden durchgepreßt, und mit dem Ei, Salz, Pfeffer und Muskatnuß zu einem formbaren Teig verarbeitet. Dazu gibt man nach Bedarf etwas Mehl. Dann werden zeigefingerlange, ca. 3 cm dicke Nudeln aus dem Teig ausgerollt. Das geht am besten auf einem bemehlten Brett. In siedendem Salzwasser läßt man die Nudeln 10 Minuten ziehen. Dann werden sie mit dem Schaumlöffel herausgehoben und gut abgetropft. Anschließend in heißem Schmalz goldbraun braten.

Notizen & weitere Rezepte:

fig. 5

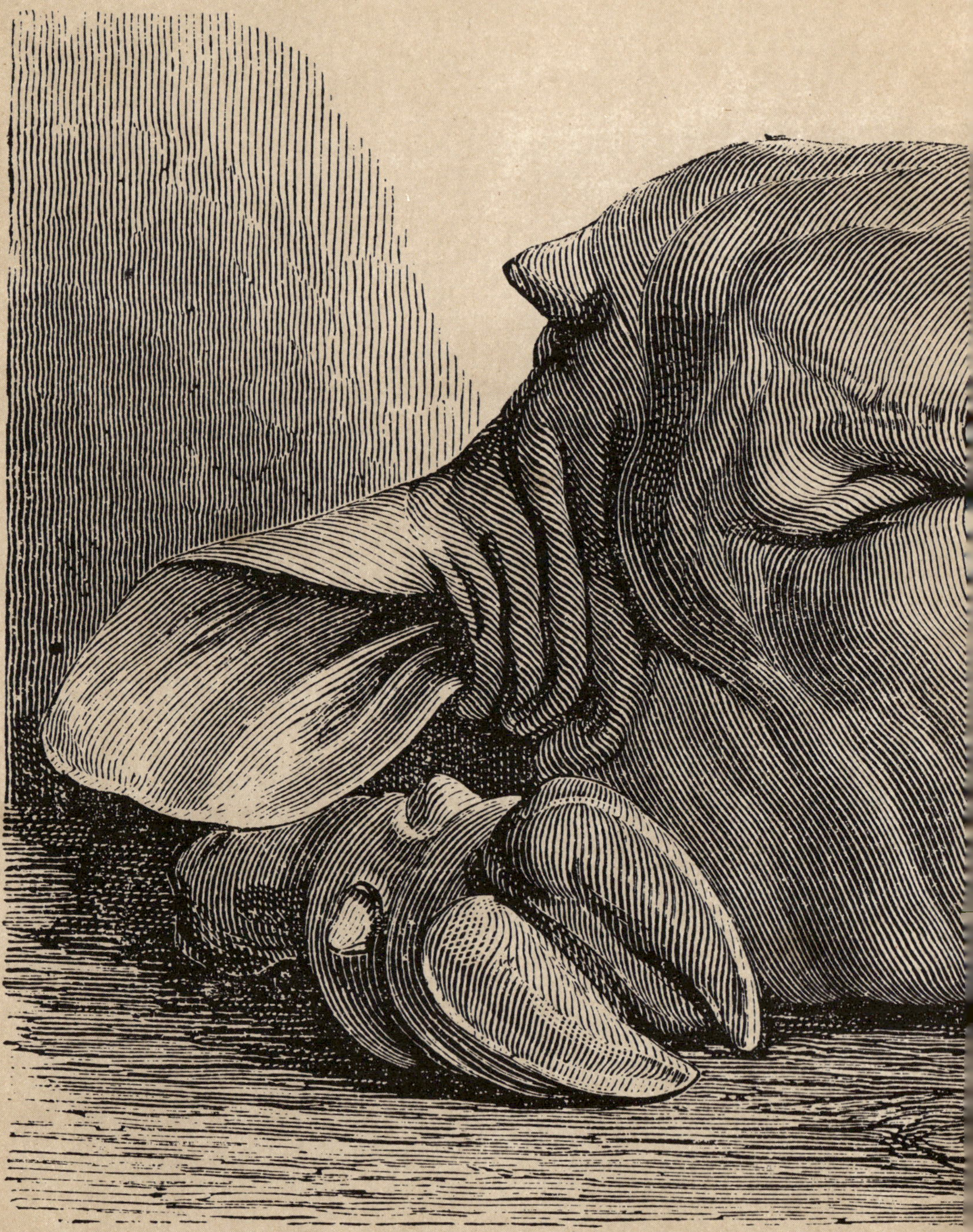

Fleisch und Innereien

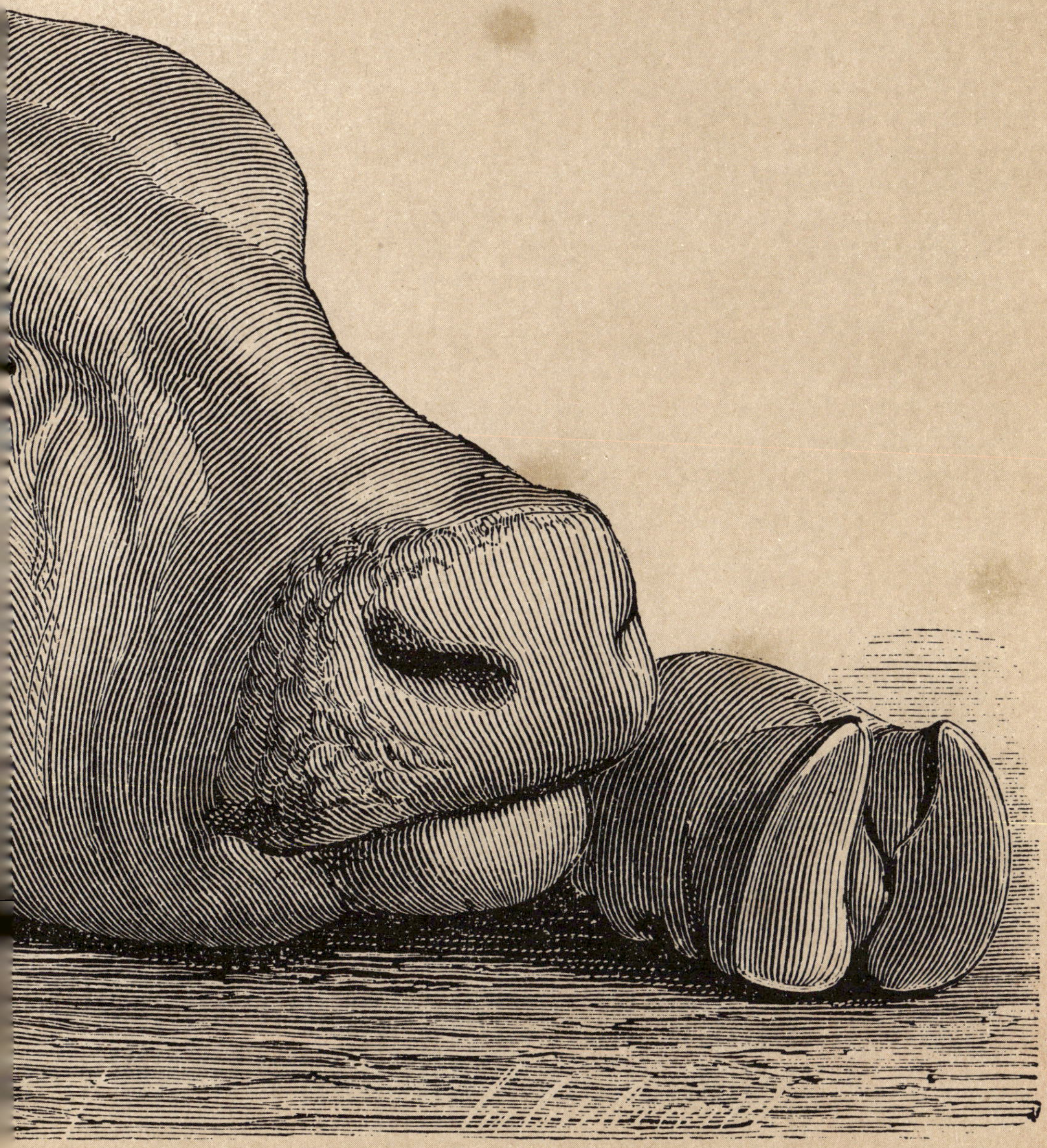

Deutsches Beefsteak

Das Deutsche Beefsteak war früher viel beliebter als heute, denn es ähnelte keiner »Resteverwertungs-Frikadelle«, sondern wurde mit Sorgfalt aus bestem Fleisch hergestellt und ganz behutsam, so daß es innen sehr saftig blieb, gebraten.

375 Gramm mageres Rinderhack, 125 gr feingehacktes Schweinefleisch guter Qualität, 2 Eier, 1 Zwiebel, 1 altbackener Wasserweck, Salz, Pfeffer, Milch, Bratfett

Die Zwiebel schälen und ganz fein zerhacken, besser noch reiben. Den Wasserweck mit wenig heißer Milch übergießen, kurz durchziehen lassen und gut ausdrücken. Das Rind- und Schweinehack mit der Zwiebel, dem eingeweichten Weck und den Eiern sehr gründlich und sorgfältig mit einer Gabel durchkneten. Dabei mit Salz und Pfeffer würzen. Ist ein geschmeidiger Fleischteig entstanden, das Bratfett erhitzen. Mit nassen Händen gut handgroße, flache Beefsteaks formen und diese rasch von beiden Seiten braun braten.

Oma Gretels
Geburtstagsessen

Gefüllte Kalbsvögel

Dieses besonders gute Fleischgericht ist so ein rechtes »Sonntagsessen«, und wird am liebsten mit Kartoffelbrei (Kartoffelpürree) und Buttererbsen gegessen.

4 große Kalbsschnitzel, 4 Scheiben Schinkenspeck, 2 Zwiebeln, 3 Gelbrübchen, 1/8 Liter Weißwein, 1/8 Liter süße Sahne, 1/4 Liter Fleischbrühe, 1 guter Eßlöffel Mehl, Salz, Pfeffer, Bratfett

Die Kalbsschnitzel leicht klopfen, salzen und pfeffern und jeweils mit einer Scheibe Schinkenspeck belegen und fest aufrollen. Mit einem Holzstäbchen (Fleischnadel) zusammenhalten. Das Bratfett zerlassen und die Fleischrollen von allen Seiten gut anbraten. Dann aus dem Topf nehmen und warmstellen. Die Zwiebeln und die Gelbrübchen schälen, in kleine Würfelchen schneiden, im Bratfett goldgelb anrösten. Dann 2 Eßlöffel Butter dazugeben und das Mehl darin unter Rühren goldgelb werden lassen. Mit der Fleischbrühe ablöschen und zugedeckt 25 Minuten kochen lassen. Dann die

Brühe durch ein grobes Sieb gießen, dabei das Gemüse als Pürree wieder in die Soße geben. Wein mit Sahne und Mehl gut verrühren, die Soße zum Kochen bringen und mit dem Schneebesen einrühren. 3mal aufkochen lassen. Die Soße gut abschmecken. Die gefüllten Kalbsvögel in die Soße legen und zugedeckt 25 Minuten garen lassen. Vor dem Servieren die Holzstäbchen entfernen.

Escaloppes

Dieses Gericht ist wieder dem französischen Nachbarn abgeguckt, aber davon will ein alter Pälzer natürlich nichts wissen, sondern sagt dazu recht schlau »Wieso, daß hawwe mir immer schunne so gemachd!« Besonders erwähnenswert ist bei dieser sehr alten Zubereitung die delikate Soße, deshalb wird auch meistens mit Gequellten oder Kartoffelbrei serviert, »damit mer was dovon hawwe« (damit wir etwas davon haben).

4 große Kalbsschnitzel, 2 große Schweineschnitzel, 1 kleiner Bund gehackter Peterle, 1 Zwiebel, Salz und Pfeffer
Für die Soße: 1/2 Liter Fleischbrühe, 2 Eßlöffel Mehl, 2 Eßlöffel Butter, 2 Sardellen, 1 Teelöffel Kapern, 1 Zwiebel, Salz und Pfeffer

Die Kalbsschnitzel klopfen. Die Schweineschnitzel in kleinfingergroße Streifchen schneiden. Die Zwiebel schälen und fein zerhakken. Die Kalbsschnitzel ausbreiten, die Schweinefleischstreifchen darauf verteilen. Mit Salz und Pfeffer würzen, dann die gehackte Zwiebel und den gehackten Peterle darüberstreuen. Die Kalbsschnitzel zu Rouladen aufrollen und mit abgebrühtem Bindfaden gut zusammenbinden. (Geht auch mit Fleischnadeln oder Rouladenklammern.) In zerlassener Butter von allen Seiten schön braun anbraten. Dann aus dem Topf nehmen und warmstellen. Mit Fleischbrühe ablöschen. Die Sardellen abspülen und sehr fein hakken. Mit den Kapern zur Soße geben. Aufkochen lassen, und mit Salz und Pfeffer abschmecken. Jetzt die Escaloppes in die Soße geben, und bei bedecktem Topf etwa 35 Minuten garen lassen. Vor dem Servieren die Bindfäden oder Fleischnadeln entfernen.

Das schmeckt
dem Opa Fritz
so gut!

Zungen-Ragout

In der Pfalz werden seit jeher Gerichte mit Innereien sehr geschätzt. Neben der besonders beliebten Leber ist die Zunge, ob als kalter Aufschnitt, oder als Ragout zu Salzkartoffeln und Bohnengemüse, als Delikatesse sehr begehrt.

1 Ochsenzunge, 2 Zwiebeln, 2 große Gelbrübchen, 1 Lauchstange, 1 Petersilienwurzel, 1 Glas Weißwein, 1 Teelöffel milder Senf, 2 Eßlöffel Mehl, 3 Eßlöffel Schmalz, Salz und Pfeffer

Die Ochsenzunge sehr gut waschen und putzen. (Am besten vom Metzger vorbereiten lassen.) Die Zwiebeln, Petersilienwurzel und Gelbrübchen schälen und grob würfeln. Gut 2 Liter kräftig gesalzenes Wasser zum Kochen bringen, das Gemüse und die Zunge hineingeben und 2 ½ Stunden bedeckt kochen lassen. Dann die Ochsenzunge häuten und eventuell verbliebene Knorpel entfernen. Die Zunge in dünne Scheiben schneiden. Das Schmalz erhitzen und das Mehl darin kräftig goldgelb anrösten. Durch ein Sieb gut ½ Liter Zungenkochbrühe dazugießen, und alles 10 Minuten bei offenem Topf kochen. Dann den Wein dazugeben, 3mal aufkochen. Wünscht man die Soße sehr dicklich, jetzt noch einmal mit etwas angerührtem Mehl binden. Danach den Senf einrühren. Die Soße abschmecken und mit Salz und Pfeffer würzen. Die Zungenscheiben in die Soße legen, und 10 Minuten bei wenig Hitzezufuhr ziehen lassen.

Schweinspfeffer

Auch hier wird das Fleischgericht mit Wein zubereitet, und ähnelt im Geschmack einem Wildgericht.

1 Kilo guter, nicht zu fetter Schweinebraten ohne Knochen oder Schwarten, ¼ Liter Rotwein, ¼ Liter Fleischbrühe, 3 Eßlöffel Schmalz, 1 Eßlöffel Mehl, 2 Zwiebeln, 4 Gewürznelken, 6 Pfefferkörner, 6 Wacholderbeeren, 1 Lorbeerblatt, 1 Priese Thymian, Salz, Pfeffer

Das Fleisch in 5 cm große Würfel schneiden. Die Zwiebeln schälen und kleinwürfeln. Das Schmalz zerlassen und die Fleischstücke darin von allen Seiten gut anbraten. Dann aus dem Topf nehmen und warmstellen. Jetzt im Bratfett die Zwiebelwürfel goldgelb anbraten. Dann noch 2 Löffel Schmalz in den Topf geben und das Mehl darin so lange rösten, bis es goldgelb aussieht. Mit Fleischbrühe und Rotwein auffüllen. Aufkochen. Das angebratene Fleisch und sämtliche Gewürze in den Topf geben und 45 Minuten bei bedecktem Topf garen. Vor dem Servieren nach Möglichkeit die gröberen Gewürzzutaten entfernen.

Fleesch-Knopp

Der Fleischknopf schmeckt auch kalt

Der Fleisch-Knopf ist ein saftig gebratener Hackbraten, der heiß oder kalt, in Scheiben geschnitten, zu Gebrätelte oder Kartoffelbrei, gleich gut schmeckt.

375 Gramm Rinderhackfleisch, 375 Gramm Schweinehackfleisch, 3 Eier, 1 Glas Weißwein, 1 große Zwiebel, 1 großer Bund Peterle, Schmalz, Salz, Pfeffer, 1 Teelöffel mildes Paprikapulver

Die Zwiebel schälen und würfeln. Den Peterle hacken. Das Schmalz zerlassen und die Zwiebel und den Peterle darin weich dünsten. Das Hackfleisch, die Eier, die angebratenen Zwiebeln mit dem Peterle, den Weißwein, das Paprikapulver, Salz und Pfeffer, gründlich mit der Gabel verkneten, bis ein geschmeidiger Fleischteig entstanden ist. Mit nassen Händen einen runden, flachen Knopf formen und auf ein gut gefettetes Backblech, oder in eine flache gefettete Backform setzen. Im vorgeheizten Backofen, Gas Stufe 4, Elektro 200 Grad, den Fleisch-Knopf eine gute Stunde backen.

Kann man auch mit Endivien-Salat machen

Fleesch-Pannekuche

Diese herzhaft schmeckenden Pfannkuchen mit Fleischfüllung werden sehr gerne zu grünem Salat, bevorzugt »Rapünzelscher« (Feldsalat) gegessen.

Für die Pfannkuchen: 12 Eßlöffel Mehl, 7 Eier, Salz und Muskatnuß
Für die Füllung: 250 Gramm Schweinehackfleisch, 2 Eier, 3 Eßlöffel saure Sahne, 1 Zwiebel, 3 Eßlöffel Weckmehl, Salz, Pfeffer, Bratfett

Aus dem Mehl und den sieben Eiern mit dem Schneebesen (Handmixer) einen dünnen, glatten Teig rühren und ihn mit Salz und geriebener Muskatnuß würzen. Das Bratfett erhitzen, und aus dem Teig recht dünne Pfannkuchen backen. Dann die Füllung zubereiten. Die Zwiebel schälen, in kleine Würfel schneiden, in Bratfett weichdünsten. Das Hackfleisch dazugeben und gut anbraten. Mit Salz und Pfeffer würzen. Die Sahne und ein Ei dazugeben und bei geschlossenem Topf 10 Minuten dämpfen. Dann die Füllung abkühlen lassen und jeden Pfannkuchen dünn damit bestreichen. Die Pfannkuchen einzeln aufrollen und in 4 cm dicke Rollen schneiden. Ein Ei mit etwas Salz gut verquirlen. Die Pfannkuchenrollen mit den Schnittflächen darin wenden, anschließend in Weckmehl gut panieren, dabei das Weckmehl fest andrücken. Bratfett erhitzen, und die Pfannkuchenröllchen von beiden Seiten darin knusprig braun braten.

Das is' ebbes für unser'n Horst!

Falscher Schnepfendreck

Dieses ganz alte Rezept stammt aus der sogenannten »Herrschaftsküche«. Der »Echte Schnepfendreck« besteht aus den Därmen der Schnepfen, samt ihrem Darminhalt. Für empfindliche Gemüter ist das keine vergnügliche Vorstellung, so etwas auf seinem Röstbrot vorzufinden, aber es gab zu allen Zeiten Schlemmer, vorwiegend männlicher Natur, die diesen ungewöhnlichen Brotaufstrich überaus schätzten. Doch wenn viele Gäste an der Tafel sitzen, ist es schwer, damit alle zufrieden zu stellen, denn welche kleine Menge Schnepfendreck läßt sich aus so einem zarten Schnepfendärmchen schon zubereiten . . . So wird wohl eine findige Herrschaftsköchin auf diese elegante Lösung gekommen sein und kreierte den »Falschen Schnepfendreck«, den auch empfindliche Zeitgenossen mit Genuß essen dürfen.

5 Kalbsnieren, 2 Zwiebeln, $^1/_8$ Liter Rotwein, 1 Bund Peterle, Salz, Pfeffer, Thymian, Bratfett, geröstete Brotscheiben

Die Kalbsnieren vom Metzger gut putzen lassen. Dann sehr gründlich waschen und mit einem scharfen Messer ganz fein hacken, bis fast ein Mus entsteht. Die Zwiebeln schälen und ebenfalls so fein wie möglich hacken, ebenso den Peterle. Das Bratfett zerlassen, Zwiebeln und Peterle darin andünsten, bis die Zwiebeln weich sind. Dann die Nieren dazugeben, kurz durchbraten. Den Rotwein dazugießen und einköcheln lassen, bis eine streichfähige Masse entsteht. Mit Salz, Pfeffer und fein zerriebenem Thymian würzen. Auf geröstete Brotschnitten aufstreichen, und im Backofen oder Grill ganz kurz überbacken.

Lewwerknepp

(Leberknödel, einfache Art)

Leberknödel werden in der Pfalz besonders gerne gegessen. Bei jeder »Kerwe«, jeder »Kerb«, ganz gleich in welcher Gegend, sind sie ein fester Bestandteil. »Kerbemontag« wird »Gekochtes mit Kraut« gegessen, das sind gekochte Schweinefüßchen, Leiterchen (dünne Rippchen) und Schweinebruststücke, und »Kerbedienstag« gibt es überall, ob daheim oder im »Wertshaus«, »Lewwerknepp mit Kraut«, und das riecht man schon draußen auf der Straße, und darf sich freuen. In manchen Gegenden werden zu den »Lewwerknepp« ausgeschmelzte Dörrfleischwürfel samt Bratfett gegessen, bekannt ist auch eine dunkle »Zwiwwelsoß«, oder aber eine dickliche Fleischsoße.

1 Kilo Rinder- oder Schweineleber, 6 altbackene Wasserwecken, 150 gr roher Schweinebauch, 2 Zwiebeln, 2 Eier, $^1/_2$ Liter Milch, 1 Eßlöffel Majoran, 1 Teelöffel Salz, einige Spritzer Maggi, Mehl

Die Wasserwecken in Scheiben schneiden und mit der kochenden Milch übergießen. 20 Minuten zugedeckt stehen lassen. Inzwischen die Leber, den Schweinebauch und die Zwiebeln 2mal durch die feinste Scheibe des Fleischwolfes treiben. Die eingeweichten Wekken fest ausdrücken und ebenfalls durch den Fleischwolf drehen. Alles sehr gut miteinander verkneten. Dann die Eier unterrühren und alle Gewürze dazugeben. Ist der Teig nicht formbar, löffelweise Mehl darunterarbeiten, bis man lockere Klöße formen kann. Einen kleinen Probekloß machen, in siedendem Salzwasser garen. Probieren und nach Bedarf nachwürzen. Dann alle Klöße nacheinander in siedendem Salzwasser ca. 18 Minuten ziehen lassen.

Lewwerknepp, gudde

(Leberknödel bessere Art)

250 Gramm Kalbsleber, 250 Gramm Rindsleber, 250 Gramm Schweinekamm ohne Knochen, 4 altbackene Wasserwecken, 2 Eier, 2 Zwiebeln, 1 Bund Peterle, 1 Eßlöffel Majoran, Salz, Pfeffer, 2 Liter Bouillon aus dem Würfel

Die Wasserwecken in Scheiben schneiden und mit $^1/_2$ Liter kochendem Wasser übergießen. 15 Minuten ziehen lassen. Inzwischen die Kalbsleber, die Rinderleber, den Schweinekamm, die geschälten Zwiebeln und den Peterle zweimal durch die feinste Scheibe des Fleischwolfes treiben. Dann die eingeweichten Wecken sehr fest ausdrücken und ebenfalls durch den Fleischwolf drehen. Die Eier, den Majoran, reichlich Salz und Pfeffer zum Fleischteig geben und sehr gut miteinander verarbeiten. Die Bouillon zum Kochen bringen. Mit einem größeren Löffel ovale Knödel von dem weichen Teig abstechen, und in der siedenden Bouillon ca. 15 Minuten garziehen lassen.

Davon hat der
Dieter schon acht Stück
verdrückt!

Tante Gertrud's

Pälzer Saumagen Leibspeise

Wir sprachen schon darüber, die Pfälzer Küche verwendet gerne Innereien, nicht nur, weil sie recht preiswert sind, sondern weil sie sich zu sehr feinen Gerichten verarbeiten lassen. Eine besondere Spezialität stellt dabei der »Pfälzer Saumagen« dar. Früher wurde er in jedem Haushalt selbst zubereitet, heute hat es sich überwiegend eingebürgert, daß man dieses Gericht außer Haus, in einer gutbürgerlichen Wirtschaft, ißt. Daß dort Saumagen, wegen seiner etwas langwierigen Zubereitung, nicht oft auf der Speisekarte steht, macht ihn nur um so begehrenswerter.

Beim Metzger einen geputzten Saumagen vorbestellen.
Für die Füllung: 500 gr gekochte Kartoffeln, 500 gr Schweinekamm ohne Knochen, 125 Gramm fetter, geräucherter Bauchspeck, 250 Gramm grobes, frisches Bratwurstfüllsel, 2 Zwiebeln, 2 Eier, 1 Eßlöffel Majoran, 1 Teelöffel Thymian, 1 Teelöffel Kümmel, 1 flacher Teelöffel Salz, 1/4 Teelöffel Pfeffer, Schweineschmalz zum Braten

Den Saumagen über Nacht in gesalzenes Wasser legen. Am nächsten Tag mehrmals sehr gründlich innen und außen waschen. Dann die gekochten Kartoffeln in kleine Würfel schneiden. Den Schweinekamm und den geräucherten Bauchspeck in 1–2 cm große Würfel schneiden, die Zwiebeln schälen und ebenfalls kleinwürfeln. Das Schmalz zerlassen und den Schweinekamm, die Speckwürfel und die Zwiebeln kräftig anbraten. Bilden sich vereinzelt braune Krüstchen, die Kartoffelwürfel dazugeben und gute 5 Minuten mitbraten. Danach den Topf vom Herd nehmen. Das Bratwurstfüllsel, die Eier und sämtliche Gewürze dazugeben und sehr gründlich durcharbeiten. Der Teig muß gut zusammenhalten und sehr kräftig gewürzt sein. Dann die Füllung in den Saumagen geben, und die Öffnungen des Magens mit einem überbrühten Baumwollfaden zubinden. Den Saumagen 3 Stunden in Salzwasser sieden lassen. Das Wasser darf nicht stark kochen, sonst platzt der Magen auf. Ist der Saumagen fertiggekocht, wird er vorsichtig aus dem Topf genommen und gut abgetrocknet. Dann den Saumagen rundherum mit Salz und Pfeffer einreiben. In einem weiten Topf reichlich Schmalz erhitzen, und

den Saumagen von allen Seiten schön knusprig braun braten. Auch hierbei ist es sehr wichtig, bei mäßiger Hitze zu braten, damit der Saumagen nicht aufplatzt.
Serviert wird der Pfälzer Saumagen, mit einem guten Sauerkraut zusammen, in Scheiben geschnitten.

Roter Fleeschmagen

Bei jedem Pfälzer Metzger kann man Roten Fleischmagen, Weißen und Grauen Fleischmagen, Schwartemagen, Blutmagen und einfachen Fleischmagen kaufen. Es lohnt sich aber ganz bestimmt, einmal, wie früher zu den guten alten Zeiten, einen Fleischmagen selber herzustellen, es ist nicht sehr schwer. Der Rote Fleischmagen wird kalt gegessen. Man schneidet ihn in dickere Scheiben und gibt ihn zu einer Pfanne voll Gebrätelter, oder zu Roggenbrot und Landbutter, zu Tisch.

Beim Metzger einen geputzten Saumagen bestellen. Für die Füllung: 600 gr kräftig gepökelter Schweinekamm ohne Knochen, 300 gr geräuchertes Dörrfleisch, 200 gr feines, frisches Bratwurstfüllsel, 3 Eier, 1 Eßlöffel Majoran, 1 Teelöffel Kümmel, Salz, Pfeffer

Den Saumagen über Nacht in Salzwasser legen. Am nächsten Tag mehrmals gründlich innen und außen waschen. Für die Füllung den Schweinekamm und das Dörrfleisch durch die grobe Scheibe des Fleischwolfes treiben oder mit 2 scharfen Messern gut zerhacken. Dann die Fleischmasse mit dem Bratwurstfüllsel, den Eiern, allen Gewürzen, und, je nach dem Pökelgrad des Schweinekammes, wenig Salz, zu einem gut zusammenhängenden Teig verarbeiten. Diese Masse in den Saumagen füllen. Die Magenöffnungen mit einem gebrühten Baumwollfaden zubinden. Den Fleischmagen 3 Stunden in schwach siedendem Salzwasser garen. Ist der Fleischmagen fertig, wird er aus dem Topf genommen, gut abgetrocknet, und auf eine Platte gelegt. Mit einem Holzbrett und einem Gewichtsstein obenauf, gut beschwert, völlig erkalten lassen.

Oigeleschter Schwenkbroode
(Eingelegter Schwenkbraten)

Bei den vielen schönen Weinfesten und Kerwe in der Pfalz gibt es fast überall auch eingelegten Schwenkbraten. Er wird auf einem speziellen, großen Schwenkbratengrill zubereitet. Ein großer, runder Rost trägt die Fleischstücke, und wird an langen Ketten über einem Holzkohlenfeuer, richtiger über der Glut, in Schwingungen versetzt. Ein guter Schoppen Palzwoi gehört dazu!

Sie brauchen für 4 Portionen 4 Stücke Schweinenacken von 3–4 cm Dicke. Über Nacht legen Sie sie in Marinade ein. Für die Marinade: 4 Zwiebeln, 1 Knoblauchzehe, 1 Weinglas Rotwein »Portugieser«, 1 Lorbeerblatt, 4 zerdrückte Wacholderbeeren, jeweils eine große Prise Thymian und Majoran, reichlich Pfeffer, 1 Weinglas Speiseöl.

Schälen und hacken Sie die Zwiebeln und die Knoblauchzehe. Verrühren Sie den Portugieser mit dem Öl, salzen, pfeffern Sie diese Mischung, geben Sie kräftig Thymian und Majoran dazu, und gießen Sie alles über die Zwiebeln. Dann legen Sie die Fleischstücke in ein schmales Gefäß, und geben die Marinade darüber. Legen Sie das Lorbeerblatt und die Wacholderbeeren dazu. Bedecken Sie das Gefäß, und lassen Sie den Schwenkbraten über Nacht im Kühlschrank ziehen. Bevor Sie den Braten auf den heißen Schwenkgrill legen, tupfen Sie die Stücke ab, und pfeffern Sie leicht.

Spießbroode

Dieser Spießbraten stammt aus der Gegend um Bad Dürkheim. Er wird nicht am Stück gegart, sondern auf Portionsspießen. Früher über dem Rebholzfeuer gedreht, schmeckt er heute vom Holzkohlenfeuer genauso fein.

Für 4 Portionen
1 Kilo Schweinekamm ohne Knochen, der am Vorabend eingelegt wird.
Zum Einlegen: 4 Zwiebeln, 2 Knoblauchzehen, 1 Teel. Salz, reichlich Pfeffer.

Der Schweinekamm wird in gulaschgroße Stücke geschnitten. Die Zwiebeln und der Knoblauch werden geschält und gehackt. In einer

Schüssel werden die Zwiebeln und der Knoblauch gesalzen, und mit dem Kartoffelstampfer bearbeitet, bis Saft austritt. Dann werden die Fleischwürfel gesalzen und gepfeffert, zu den Zwiebeln gegeben, und gut durchgerührt. Die Schüssel wird bedeckt über Nacht in den Kühlschrank gestellt. Zum Braten wird das Fleisch aus der Schüssel genommen, portionsweise auf lange Spieße gesteckt, und über der heißen Glut 25–30 Minuten geröstet. Die Zwiebeln kommen mit einem kleinen Glas Weißwein und etwas Kümmel in einen Topf, der in die Glut gestellt wird. Die so gegarten Zwiebeln werden zum Spießbraten, mit einem Weck, dazugegessen.

Owwerstääner Spießbroode

(Spießbraten aus Oberstein)

Den Spieß- und Schwenkbraten, der in der Gegend um Idar-Oberstein so beliebt ist, haben heimgekehrte Edelsteinsucher aus Brasilien mitgebracht. Er wird über dem Holzkohlenfeuer zubereitet.

3 Pfund Schweineschulter ohne Knochen oder Schwarte, 4 große Zwiebeln, 1 Bund Petersilie, Salz, Pfeffer, Majoran
Zum Bepinseln 1 Tasse helles Bier

Die Schweineschulter wird geklopft, und der Länge nach aufgeschnitten, so daß ein großes Bratenstück entsteht. Das Fleisch wird gründlich mit Salz und Pfeffer eingerieben, und leicht mit Majoran gewürzt. Dann werden die grobgehackte Petersilie und die Zwiebeln aufgestreut, und der Braten wird zusammengerollt. Mit abgebrühtem Bindfaden gut zusammenbinden. Auf den Grillspieß stekken, außen mit Salz und Pfeffer würzen, und etwa 2 Stunden grillen. Dabei immer wieder mit Bier einpinseln, damit eine schöne, knusprige Kruste entsteht.

Notizen & weitere Rezepte:

So ein Mensch die Sprach verlieret, schmiere den Haarwirbel mit Storchen-schmalz, die Sprach kommt wieder.

fig. 6

Billigheim

Wild und Geflügel

urzelmarkt.

Am Weihnachtstag machen

Geflügel-Pastetchen

(auch mit Wildfleisch zuzubereiten)

Gefüllte Pastetchen gehören zu den ganz alten Rezeptüberlieferungen der feinen Pfälzer Küche. Selbstverständlich wurden früher auch die Blätterteigpastetchen selbst zubereitet. Wir haben es heute bequemer, und kaufen sie fertig beim Bäcker. Die Geflügelpastetchen gab es früher bei manchen Pfälzer Familien am 2. Weihnachtsfeiertag. Sie wurden dann mit den Resten der Weihnachtsgans, oder dem häufig zubereiteten weihnachtlichen Hasenbraten, gefüllt.

Für die Füllung: 1/2 fertig gegrilltes Hähnchen oder 300 Gramm gebratenes Wildfleisch oder Reste von einer Gans, 1 Zwiebel, 1/4 Liter Fleischbrühe, 2 Eßlöffel ungekochter Reis, 3 Eigelbe, Salz, geriebene Muskatnuß, Butter, 4 fertiggebackene Blätterteigpastetchen

Das gebratene Fleisch recht fein hacken. Die Zwiebel schälen, in kleine Würfel schneiden und in der zerlassenen Butter goldgelb braten. Jetzt das Fleisch dazugeben und kurz durchschmoren. Mit der heißen Fleischbrühe auffüllen. Aufkochen lassen, und den gewaschenen Reis hineinrühren. Bei bedecktem Topf 25 Minuten garen. Dabei des öfteren umrühren. Ist der Reis weich, werden die drei Eigelbe in die Fülle gerührt. Noch einmal kurz erhitzen, und mit Salz und geriebener Muskatnuß würzen. Die Pastetchen im Backofen erhitzen, und mit der Fleisch-Reis-Mischung füllen.

Fasanen, sehr feine Art

In der Pfalz gibt es viele Fasanen, und Sie können hier ein Fasanen-Rezept von 1870 nachkochen. Als Beilagen liebte man damals Kartoffelbrei und Rosenkohl, mit Kastanien zusammen, zubereitet.

2 bratfertige Fasanen, 1/4 Liter Weißwein, 1/4 Liter Fleischbrühe, 1 kleines Glas Madeira, 2 Zwiebeln, 1/8 Liter süße Sahne, 1 Eßlöffel Speisestärke, 1 Lorbeerblatt, Thymian, weißer Pfeffer, Salz, Bratfett

Die Fasanen gut waschen, in vier Teile zerschneiden, salzen und pfeffern. Dann reichlich Bratfett erhitzen und die Fasanenteile von allen Seiten schön braun anbraten. Sie müssen aber innen rosig bleiben. Dann die Teile aus dem Topf nehmen und warmstellen. Die Zwiebeln schälen und in große Stücke hacken. Die Fasaneninnereien waschen. Den Weißwein mit der Fleischbrühe und dem Lorbeerblatt aufkochen. Die Zwiebeln und die Innereien darin 20 Minuten kochen. Jetzt alles durch ein Sieb gießen. Den Madeira zu dem Sud geben. Die Sahne mit der Speisestärke verquirlen. Den Sud aufkochen, mit der angerührten Sahne binden. Etwas Thymian, Salz und Pfeffer dazugeben, und die angebratenen Fasanenstücke in die kochende Soße legen. Bei bedecktem Topf 15–20 Minuten schmoren lassen. Danach die Soße noch einmal abschmecken, und eventuell nachwürzen.

Feines Hirschragout

Die großen Wildbraten waren früher der Festtagsküche vorbehalten, aber die tüchtige Pfälzer Hausfrau verstand es schon immer, aus allem etwas Gutes zu kochen, so wie dieses Hirschragout. Sie können es selbstverständlich auch mit Wildschweinfleisch oder Rehragoutfleisch zubereiten.

1 Kilo Hirschhals,
Für die Kochbrühe: 3 Gelbrübchen, 2 Zwiebeln, 2 Eßlöffel Weinessig, 1 ½ Liter Salzwasser.
Für die Ragoutsoße:
3 Eßlöffel Butter, 1 Eßlöffel Mehl, 1 Tasse Weißwein »Morio-Muskat«, 1 Eßlöffel Rosinen, 2 Eigelbe, Salz, Pfeffer, Muskatnuß.

Das Fleisch kalt abwaschen. Die Gelbrübchen schälen, ebenso die Zwiebeln, beides in grobe Stücke schneiden. In Salzwasser geben, Essig zufügen, und alles zum Kochen bringen. Dann das Fleisch hineingeben, und etwa 60 Minuten garen. Inzwischen aus der Butter und dem Mehl eine helle Schwitze bereiten. Mit 3–4 Tassen Kochbrühe auffüllen, die Rosinen dazugeben, und 5 Minuten kochen lassen. Danach den Morio-Muskat dazugießen. Die Eigelbe mit ganz wenig Mehl verrühren, und in die Soße geben. Mit Salz, Pfeffer und Muskatnuß würzen. Dann das gegarte Hirschfleisch in Scheiben schneiden, in die Soße legen, und 5 Minuten ziehen lassen.

Das ist ein Festessen!

Dibbe-Has'

Über die Pfalz hinaus ist dieses Gericht geschätzt und beliebt. Auch hier gibt es etliche, verschiedene Zubereitungen, einmal mit Hasenblut, dann mit zerbröckeltem Schwarzbrot, oder mit Kartoffeln, die mit dem Fleisch zusammen gegart werden. Der Dibbe-Has wird immer in einem großen »Dibbe« zubereitet, daher hat er seinen Namen, und »Dibbe« heißt in der Pfalz ganz einfach Topf. Traditionell wird ein gußeiserner Topf verwendet, aber Sie können den Dibbe-Has auch sehr gut in einem großen Ton-Topf, z. B. einem sogenannten Römer-Topf, zubereiten. Wird der Dibbe-Has mit Kartoffeln zubereitet, reicht man als weitere Beilage Rotkraut. Bei einer anderen Zubereitungsart werden hausgemachte, gekochte Kartoffelklöße (Rezept Seite 48) = Kartoffelknepp, ganz feine Art, dazu gegessen.

1 Hase, zum Braten vorbereitet, 200 Gramm frischer Schweinebauch, 200 Gramm Dörrfleisch, $\frac{1}{2}$ Liter Fleischbrühe, $\frac{1}{2}$ Tasse Hasenblut (notfalls weglassen), 1 Tasse Rotwein, 5 Zwiebeln, 2 Knoblauchzehen, 1 Lorbeerblatt, $\frac{1}{2}$ Teelöffel Thymian, $\frac{1}{4}$ Teelöffel Piment, 1 Messerspitze gemahlene Nelken, jeweils eine große Prise Koriander und Zucker, 2 Eßlöffel Speisestärke, Salz, Pfeffer, – Schweineschmalz zum Braten

Den Hasen in 8 Teile zerschneiden. Die Zwiebeln schälen und kleinwürfeln. Den Schweinebauch und das Dörrfleisch ebenfalls in kleine Würfel schneiden. Das Schmalz zerlassen und Zwiebeln, Schweinebauch und Dörrfleischwürfel darin anbraten. Die Hasenstücke von allen Seiten kräftig salzen und pfeffern, und rundherum braun braten. Danach mit der heißen Fleischbrühe auffüllen, alle Gewürze dazugeben, und den Dibbe-Has bei geschlossenem Topf 45 Minuten schmoren. Inzwischen das Hasenblut mit dem Rotwein und der Speisestärke gut verrühren. Diese Mischung in die kochende Soße gießen und weitere 10 Minuten schmoren lassen. Dann die Soße abschmecken und nachwürzen.

Dibbe-Has' mit Schwarzbrot

(Im Römertopf zubereitet)

1 Hasenrücken, 500 Gramm Schweinenacken, 50 Gramm Schmalz, 5 Zwiebeln, 1/4 Liter Fleischbrühe, 1/2 Teelöffel Thymian, 1 Bund Peterle, 3 Scheiben Schwarzbrot, Salz und Pfeffer
Zum Auslegen des Römertopfes: 10 Scheiben fetter, geräucherter Speck.
Zum Angießen: 1/2 Liter Rotwein

Den Hasenrücken in 6 Teile zerschneiden, den Schweinenacken in gulaschgroße Würfel schneiden. Das Fleisch kräftig salzen und pfeffern. Die Zwiebeln schälen und in kleine Würfel schneiden, den Peterle hacken, das Schwarzbrot fein zerbröckeln. Das Schmalz zerlassen, und die Zwiebelwürfel darin goldgelb anbraten. Dann den gewässerten Römertopf mit den Speckscheiben auslegen. Das Hasen- und Schweinefleisch hineingeben, sowie die angebratenen Zwiebeln, den gehackten Peterle, den zerriebenen Thymian und das zerbröckelte Schwarzbrot. Alles noch einmal salzen und pfeffern. Dann den halben Liter Rotwein und den Viertelliter Fleischbrühe in den Topf gießen. Der Dibbe-Has wird jetzt in den kalten Backofen gestellt, und bei 180 Grad 3 Stunden gegart.

Mehlige Kartoffeln dazu nehmen!

Dibbe-Has' mit Grumbeere zubereitet

4 Hasenschlegel, 200 Gramm frischer Schweinebauch, 100 Gramm geräucherter, fetter Speck, 4 Zwiebeln, 6 große Kartoffeln, 2 Eßlöffel Schmalz, 1/4 Liter Fleischbrühe, 1/2 Liter Rotwein, 1 Lorbeerblatt, 6 Wacholderbeeren, 1/2 Teelöffel Thymian, Salz und Pfeffer

Die Hasenschlegel kräftig salzen und pfeffern. Die Zwiebeln schälen und kleinwürfeln. Den Schweinebauch und den Speck in kleine Würfel schneiden. Die Kartoffel schälen, waschen und in 1 cm dicke Scheiben schneiden. Das Schmalz zerlassen und die Zwiebeln, den Schweinebauch und den Speck darin gut anbraten. Dann die Hasenschlegel dazugeben und von allen Seiten bräunen.

In einem gußeisernen Topf Schmalz erhitzen, und die Kartoffelscheiben darin anbraten. Dann die Hasenschlegel, Zwiebeln, Speck und Schweinebauch dazugeben. Den Rotwein und die Fleischbrühe dazugießen. Alle Gewürzzutaten dazugeben, und den Dibbe-Has bei wenig Hitzezufuhr 50 Minuten schmoren, dabei sollen die Kartoffeln fast zerfallen. Auf Wunsch kann die Soße noch leicht mit angerührtem Mehl gebunden werden.

Feldhinkel auf Sauerkraut (= Rebhuhn)

Feldhinkel wurden früher oft für den Kerweschmaus vom Hausherrn persönlich geschossen. Als Herbstessen werden Feldhinkel in der Pfalz auf jedem Tisch begeistert begrüßt, hier die zwei ältesten Zubereitungsarten dafür. Die Rezepte können Sie auch für Fasan verwenden.

2 küchenfertige Feldhinkel, 8 Scheiben ungeräucherter, fetter Speck, 1 mürber Apfel, 1 Zwiebel, 1 Glas Weißwein »Ruländer«, 1 Teelöffel Mehl, $^1/_4$ Liter Fleischbrühe, Salz, Pfeffer, Margarine, 4 Portionen fertiges Sauerkraut, Grumbeerstampes (Kartoffelpürree)

Die Hinkel waschen, trocknen, innen und außen leicht salzen und pfeffern. Speckscheiben auflegen, und festbinden. Die Zwiebel und den Apfel schälen, beides sehr fein hacken, besser reiben. In Margarine weichdünsten. Dann die Feldhinkel hineingeben, einige Minuten anbraten, und mit der Fleischbrühe ablöschen. Mit dem Ruländer auffüllen. 20–25 Minuten schmoren. Dann die Hinkel aus dem Topf nehmen, und den Speck entfernen. Die Hinkel im vorgeheizten Backofen goldbraun backen. Inzwischen die Soße mit dem Mehl binden, aufkochen lassen, und abschmecken. Die gebräunten Hinkel werden auf das erhitzte Sauerkraut gelegt, und zu Kartoffelbrei serviert. Die Soße wird dazu gereicht.

Notizen & weitere Rezepte:

Die Worscht, un' de Weck,
de Woi, un' die Palz,
Good erhal's !

fig · 7

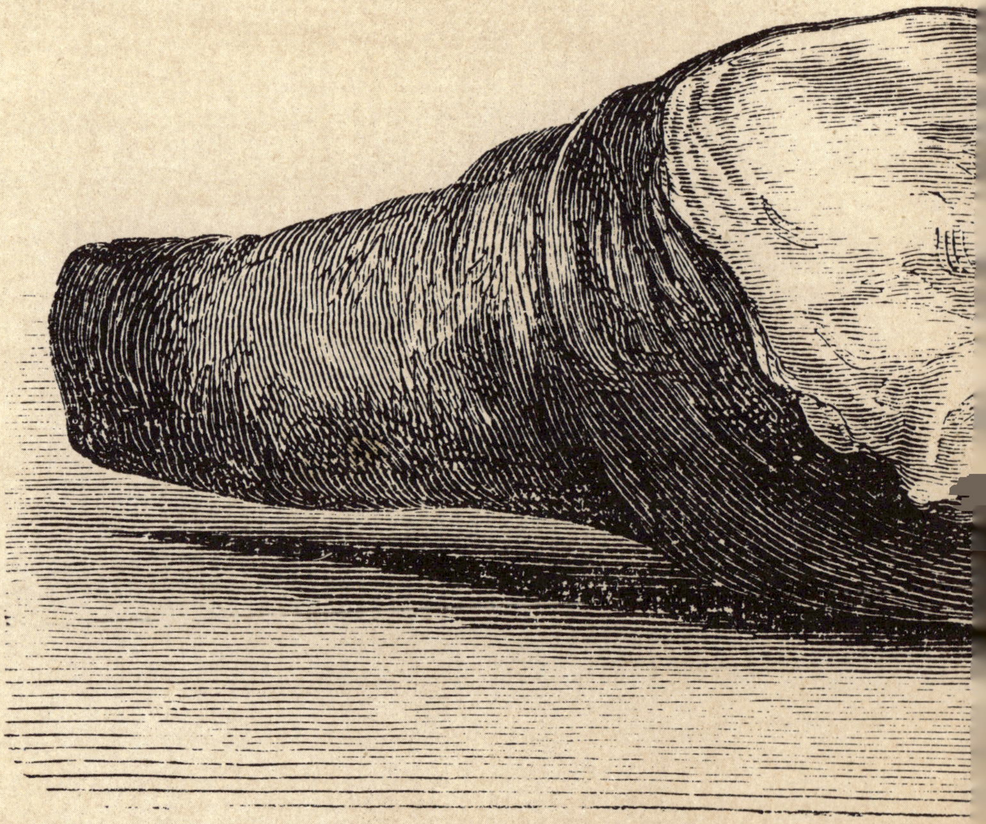

Käse und Wurst

Handkäs', eingelegt im Steintopf

Wer glaubt, »Handkäse ist Handkäse«, der zieht sich nicht nur die tiefste Verachtung eines Pfälzer Handkäsliebhabers zu, sondern er befindet sich auch in einem riesigen Irrtum, und sollte besser ein Wurstbrot essen. Ein Handkäs', so einfach aus dem Einschlagpapier gewickelt, das ist nämlich noch überhaupt kein Handkäs'! Das ist genauso, wenn ein stolzer Vater von seinem frischgebackenen Säugling sagt: »Guck' un' des is unser Karl!« Das ist eben noch nicht der Karl, wie er mal sein soll, das wird er erst werden! Und so verhält es sich auch mit dem Handkäs'. Wenn man den Käse nicht selber einlegen, und zu seiner vollendeten, köstlichsten Reife und zartesten Geschmeidigkeit bringen will, kann man ihn manchmal, aber leider immer seltener, noch bei alten Pfälzer Marktfrauen auf dem Wochenmarkt kaufen. Die Handkäsliebhaber, die das Pech haben, außerhalb unserer schönen Pfalz leben zu müssen, können den Käse aber nach diesem uralten Rezept, das immer nur dem Ältesten einer Handkäsliebhaberfamilie verraten wird, und das auf allerschwierigsten Wegen in dieses Buch gelangte, selber einlegen und dann auch genießen. Und die »Musik« (Betonung auf der ersten Silbe) die der Pfälzer zu seinem Handkäse liebt, hat nichts mit den Tönen zu tun, die der deftige Käse nach seinem Genuß bei empfindsamen Menschen hervorrufen kann, nein, das ist einfach eine »Stipptunke«, die das Pünktchen auf dem i darstellt. Übrigens, ob ein gutbürgerliches Weinlokal »echten«, also eingelegten, Handkäs' vorrätig hat, das riecht man schon, wenn man die Tür reinkommt, da braucht man keine Speisekarte zu lesen!

Pro Person ein fertig gekaufter Handkäse von 125 Gramm
Zum Einlegen: 1 Tasse Apfelwein, 1 Schnapsglas Weizenkorn, 1 Eßlöffel Kümmel, 1 schmales, hohes Steinzeugtöpfchen, 1 reines Tuch zum Zubinden

Den Handkäse in seine einzelnen Käschen zerteilen. Jedes Käschen viermal sehr sorgfältig in Apfelwein wenden, und in das bereitgestellte Gefäß legen. Dabei werden die Käschen nicht wie ein Turm gelegt, sondern wie die Ziegeln, immer auf Zwischenraum. Zwischen jede Käselage etwas Kümmel streuen. Ist der gesamte Käse eingeschichtet, wird das Gläschen Korn darübergegossen. Jetzt das Gefäß mit einem reinen Tuch zubinden. Bei normaler Zimmertemperatur ist der Käse nach 3–4 Tagen Reifezeit zum Probieren fertig. Der Handkäse ist »reif«, wenn die einzelnen Käschen auseinandergelaufen sind und sich eine zartrötliche Schmiere gebildet hat. Im Anschnitt muß der Käse kleinporig, weich und glänzend sein.

Handkäs', angemacht

Der Handkäs' hat auch seine Liebhaber, die ihn lieber angemacht essen. Sie sagen, daß das Eßvergnügen so noch harmonischer sei, und es lohnt sich, das einmal nachzuvollziehen.

1 durchgereifter Handkäse von 125 Gramm Gewicht, 3 Eßlöffel »Musik«, 1 Eßlöffel weiche Butter, 1 große Scheibe Bauernbrot, 1 Portion Butter

Der weiche, vollausgereifte Handkäse wird mit der Gabel fein zerdrückt, wobei die Butter in kleinen Portionen eingearbeitet wird. Ist der Eßlöffel Butter verarbeitet, wird die »Musik« sorgfältig mit dem Käsemus vermischt. Jetzt wird die große Scheibe Bauernbrot kräftig mit Butter bestrichen. Mit einem Tafelmesser nimmt man nun eine gute, gehäufte Messerspitze angemachten Handkäs', legt ihn auf das Brot, beißt ab, genießt, legt die nächste kleine Portion nach, und fährt so voll stiller Freude fort, bis der Käse und das Brot ihr ihnen vorbestimmtes Ende gefunden haben.

En Handkäs, der wo nit stinkt,
is wie en Tänzer,
der wo fescht hinkt!

Musik zum Handkäse

1 große Zwiebel, 4 Eßlöffel Speiseöl, 2 Eßlöffel Weinessig, Salz und Pfeffer

Die Zwiebel sehr fein würfeln. Das Öl mit einer Gabel gut durchrühren, und den Essig in kleinen Portionen unterschlagen. Die Mischung muß so lange gerührt werden, bis alles inniglich vermischt ist. Jetzt die Zwiebelwürfel unterrühren, und mit Salz und Pfeffer würzen. Die Soße 1 Stunde bei Zimmertemperatur stehen lassen, dann zum Handkäse servieren.

Weinkäs', selbstgemacht

Für Liebhaber hausgemachter Käse, und solche, die es werden möchten, ist dieses Rezept ein wahrer Schatz. Es stammt nämlich von einer alten Pfälzer Weinbauernfamilie und ist mindestens 200 Jahre alt.

500 Gramm Sahnequark mit 40 % Fettgehalt, 1 Tasse Weißwein, Salz

Den Sahnequark mit den Händen gut ausdrücken, auf ein nichtrostendes Sieb legen, mit einem ausgekochten, mit Wein angefeuchte-

ten Mulltuch bedecken, und mit einem Stein beschweren. Über Nacht stehen lassen. Am nächsten Tag leicht salzen. Mit nassen Händen kleine flache Käschen formen. Ein größeres Holzbrett mit einem in Wein getränkten, reinen Tuch abwischen, die Käschen daraufsetzen, und jedes Käschen mit Wein bepinseln. Dann ein ausgekochtes, trockenes Mulltuch darüber legen, und die Käschen in der Zimmerwärme 4 Tage stehen lassen. Dabei täglich einmal mit Wein bepinseln. Am 5. Tag die Käschen in einen Steintopf schichten, und 1 Eßlöffel Wein darüber gießen. Mit einem Mulltuch zubinden. Den Topf 3–4 Tage bei Zimmertemperatur stehen lassen, bis man die Käschen riecht, dann sind sie fertig.
Die Käschen sind ausgereift, wenn sie von einer leichten Schmiere überzogen sind. Der Anschnitt soll glasig und geschmeidig sein.

Spundekäs', einfache Art

Der Spundekäs ist ein ganz typischer »Wertschaftskäs«. Er ist rasch zubereitet, und wird den Gästen vor oder zum Wein, mit einem kräftigen Roggenbrot und Butter serviert.

1 Becher Speisequark mit 20% Fettgehalt, 1/8 Liter saure Sahne, 1 Zwiebel, Salz, 1 Teelöffel mildes Paprikapulver

Die Zwiebel schälen, und in sehr kleine Würfelchen schneiden. Die Zwiebelwürfel mit der sauren Sahne und dem Paprikapulver gründlich verrühren. Dann in kleinen Portionen den Quark dazugeben und alles gut miteinander vermengen. Mit Salz abschmecken. Der Spundekäs soll vor dem Servieren 30 Minuten bei Zimmertemperatur ziehen können.

Der Spundekäs' hat seinen Namen, weil er früher wie der Spund vom Weinfaß geformt wurde.

Spundekäs', bessere Art

Diese Käsezubereitung ist etwas üppiger als die vorherige, und wird daher überwiegend im Privathaushalt zubereitet.

1 Becher Speisequark mit 40% Fettgehalt, 1/8 Liter süße Sahne, 2 Eßlöffel weiche Butter, 1 Zwiebel, 1 Teelöffel mildes Paprikapulver, Salz

Die Zwiebel schälen und in sehr kleine Würfelchen schneiden. Dann die Zwiebel mit der Sahne, der weichen Butter und dem Paprikapulver gut verrühren. Jetzt den Weißen Käs, denn so nennt der Pfälzer den Quark, unter die Masse rühren, und sehr gründlich durchmischen. Mit Salz abschmecken.

Fleeschworscht mit Grumbeere gebrätelt

»Weck, Worscht un Woi«, das braucht der Pfälzer ganz bestimmt, um zufrieden zu sein. Mit der Worscht ist in erster Linie die Fleischwurst im Ring gemeint. Sie wird kalt, aus der Hand, zu einem Paarweck, einem Lücke-Weck, einem Spitzweck, einem Kaiserweck, einem Salzweck, einem Roggenweck, einem Mehlbrötchen oder einem Zwiebelbrötchen, gegessen. Die Fleischwurst kann auch im siedenden Wasser ziehen, und wird dann heiß zu einfachem Kartoffelsalat gegessen. Heiße Fleischwurst gibt es auch in jeder Pfälzer Metzgerei zu kaufen, und ein Metzger wird immer recht kritisch nach der Qualität seiner Fleischwurst beurteilt.

350 Gramm Fleischwurst, 1 Kilo Kartoffeln, 3 Eßlöffel Schmalz, 1/4 Liter saure Sahne, 3 Eßlöffel gehackter Peterle, Salz, Pfeffer

Die Kartoffeln werden gewaschen und mit der Schale gargekocht. Inzwischen wird die Fleischwurst gehäutet und in 1 cm breite Scheiben geschnitten. Die gekochten Kartoffeln werden abgezogen und ebenfalls in Scheiben geschnitten. Jetzt das Schmalz in einem Bratentopf zerlassen, und die Fleischwurst und die Kartoffeln darin kräftig anbraten. Mit Salz und Pfeffer würzen, und die Sahne dazugießen. Den gehackten Peterle darüberstreuen und alles noch 10 Minuten schmoren lassen.

Do kann man noch zwei Eier drüber schlage!

Geräucherte Broodworscht mit Zwiwwelsoss' un Gebrätelte

Unter geräucherter Bratwurst versteht man in der Pfalz eine grobe, rohe Bratwurst, deren Brätmasse mit Pökelsalz gerötet ist, und die dann geräuchert wird. Diese Wurst wird, kalt aus der Hand, zu den verschiedenen Wecksorten gegessen, aber auch in siedendem Wasser erhitzt, zu Senf, oder Zwiwwelsoss' un' Gebrätelte.

4 geräucherte Bratwürste, 1 Kilo Kartoffeln, 1 Zwiebel, 3 Eßlöffel Schmalz, Salz und Pfeffer, 1/2 Liter heißes Wasser, 1/4 Liter braune Zwiebelsoße (siehe Rezept Seite 27)

Die Kartoffeln schälen und vierteln. Die Zwiebel schälen und würfeln. Das Schmalz zerlassen, die Zwiebelwürfel darin goldgelb anbraten. Dann die rohen Kartoffeln dazugeben, und so lange kräftig anbraten, bis sich braune Krusten zeigen. Dann eine 1/4 Tasse heißes Wasser dazugießen, und die Kartoffeln bei bedecktem Topf schmoren. Dabei des öfteren wenig Wasser nachgießen, damit die Kartoffeln nicht anbrennen. Sind die Kartoffeln gar, werden sie gesalzen und gepfeffert. Inzwischen die geräucherten Bratwürste in siedendem, nicht kochendem Wasser erhitzen, und mit der Zwiebelsoße und den Gebrätelten zu Tisch geben.

Pälzer Worschtsalat

Im Pfälzer Wurstsalat finden wir nur grauen Fleischmagen und roten Fleischmagen in einer Essig- und Öl-Soße. Der sehr herzhafte Salat wird zu Brot oder zu Gebrätelte gereicht.

250 Gramm grauer Fleischmagen in Scheiben, 250 Gramm roter Fleischmagen in Scheiben, 2 Zwiebeln, 1/2 Teelöffel Kümmel
Für die Soße: 4 Eßlöffel Öl, 3 Eßlöffel Weinessig, Salz und Pfeffer

Den roten und grauen Fleischmagen häuten, und in recht feine Streifchen von 3–4 cm Länge und 1/2 cm Breite schneiden. Die

Zwiebeln schälen und kleinwürfeln. In einer Schüssel den roten Fleischmagen, den grauen Fleischmagen, die Zwiebelwürfel und den Kümmel vermischen. Das Öl mit dem Weinessig gut verrühren und sehr kräftig salzen und pfeffern. Die Soße über die übrigen Zutaten gießen und gut durchmischen. Den Wurstsalat $^1/_2$ Stunde bei Zimmertemperatur ziehen lassen, dann abschmecken und nachwürzen.

Den macht der
Friedrich so gut

Fleesch-Salat

(aus Fleischwurst)

In der Pfalz meint man mit Fleischsalat keinen Salat mit Fleischzugabe, sondern es wird an einen herzhaften Salat aus Fleischwurst gedacht. Den Fleischsalat kann man in jeder Metzgerei viertelpfundweise kaufen. Oft wird er mit einer Mayonnaisesoße angeboten, doch das ursprüngliche Rezept schreibt eine Soße aus Weinessig und Öl vor.

500 Gramm Fleischwurst im Ring, 4 Gewürzgurken,
1 Zwiebel, 1 kleiner Bund Peterle
Für die Soße: 4 Eßlöffel Öl, 3 Eßlöffel Weinessig, Salz
und Pfeffer

Die Fleischwurst häuten und in feine Streifchen von etwa 3 cm Länge schneiden. Ebenso die Gewürzgurken in dünne Streifchen schneiden. Die Zwiebel schälen und mit dem Peterle recht fein hakken. In einer Schüssel mit der Wurst und den Gurken vermischen. Dann den Essig und das Öl gut verrühren, und sehr kräftig salzen und pfeffern. Die Soße über den Fleischsalat gießen, gut durchmischen und den Salat 1 Stunde bei Zimmertemperatur ziehen lassen. Danach noch einmal abschmecken und nachwürzen.
Der Fleischsalat wird zu Weck, zu Brot, aber auch zu Gebrätelte gegessen.

Pälzer Lewwerworscht – Hausgemacht

Was wäre der Pfälzer ohne »soi Lewwerworscht«! Jeder Metzger macht sie etwas anders, aber eins haben alle Pfälzer Leberwurstzubereitungen gemeinsam, viel Majoran muß drin sein, dann schmeckt sie erst richtig gut. Wo noch ein »Wutz« großgezogen wird, kommt der Metzger zur Hausschlachtung ins Haus. Ein solches Hausschlachtungsrezept für »Pälzer Lewwerworscht« habe ich hier aufgeschrieben. Die Lewwerworscht schmeckt am besten auf würzigem Landbrot, zu einem gute Schoppe Palzwoi.
Die Menge reicht aus, um 4 Halbliter-Einmachgläser zu füllen.

750 Gramm frischer Schweinebauch, 750 Gramm Schweineleber, 500 Gramm Schweinefleisch aus der Schulter, ohne Schwarten, 1 Pfund Zwiebeln, 1 Teelöffel Thymian, 1 1/2 Teelöffel Majoran, 1/2 Teelöffel Piment gemahlen, 1/2 Teelöffel Muskatblüte gemahlen, 1 Teelöffel Salz, 1 Teelöffel schwarzer Pfeffer, Schweineschmalz.

Das Schweinefleisch und den Schweinebauch 1 Stunde, gerade mit Wasser bedeckt, mehr ziehen als kochen lassen. Dann die Stücke mit Kochwasser abkühlen lassen. Die rohe Leber durch die feine Scheibe des Fleischwolfes treiben. Die Zwiebeln schälen, kleinhakken, und in etwas Schweineschmalz glasig dünsten. Erkalten lassen. Dann das erkaltete Fleisch, den Schweinebauch, und die abgekühlten Zwiebeln durch den Fleischwolf drehen. Alles mit der Leber verrühren. Dabei etwa 3/4 Liter der Kochbrühe zur Wurstmasse geben, sowie alle angegebenen Gewürze. Die Masse gut durchrühren. Nun die kochend heiß ausgewaschenen Einkochgläser zu 3/4 mit Wurst füllen. Vorschriftsmäßig verschließen. Jetzt entweder im Einkochtopf bei 90 Grad 2 Stunden sterilisieren, oder im Backofen, in die mit kaltem Wasser gefüllte Fettpfanne stellen, und bei 175 Grad, Gasstufe 3, 2 1/2 Stunden einkochen. Nach dem Einkochvorgang sollten die Gläser noch etwa 1/2 Stunde im ausgeschalteten Bakkofen abkühlen, ehe sie in die Vorratskammer gestellt werden.

fig. 8

Fisch

Kabliau mit Peterlesoss'

In vielen Dörfern und kleinen Städtchen der Pfalz kann man auch heute noch bei kleineren Lebensmittelgeschäften, freitags die schwarzen Tafeln vor der Eingangstür stehen sehen: »Heute Kabliaufilet«. In der Pfalz ist auch heute noch der Kabeljau, wie früher eben »Kabliau« genannt, der am häufigsten gekaufte Fisch, nach dem Hering. Die Zubereitungsarten sind eigentlich überall gleich, der Fisch wird als Filet »gebacken«, d. h. korrekt gesagt gebraten, zu einfachem Kartoffelsalat gegessen, oder gedünstet, zu Salzkartoffeln oder Gequellte. Zu gedünstetem Fisch gibt es meistens eine Peterlesoss', oder wenigstens zerlassene Butter mit Peterle.

1 Kilo Kabeljaufilet, 1/4 Liter Wasser, 1/4 Liter Weißwein, 1 Stange Lauch, 1 Zwiebel, 3 Nelken, 1 Lorbeerblatt, Salz
Für die Soße: 150 Gramm Butter, 4 Eßlöffel Mehl, 1 Bund Peterle, Salz und Pfeffer, knapp 1/2 Liter Kochbrühe vom Fisch

Die Zwiebel schälen und würfeln. Den Lauch putzen, und den weißen Teil in dünne Ringe schneiden. Den Wein mit dem Wasser mischen, die Zwiebel, den Lauch, die Nelken und das Lorbeerblatt dazugeben und aufkochen. Die Brühe leicht salzen. Dann das gewaschene Fischfilet in die siedende Brühe legen, und den Fisch bei geschlossenem Topf etwa 20 Minuten dünsten.
Inzwischen den Peterle waschen und hacken. Die Butter in einem Topf zerlassen, und das Mehl darin goldgelb anrösten. Jetzt mit 1/2 Liter Kochbrühe vom Fisch auffüllen, und gut durchkochen. Die Soße mit Salz und Pfeffer abschmecken, und den gehackten Peterle hineinrühren. Das gegarte Fischfilet in die fertige Soße legen, und darin 5 Minuten durchziehen lassen.

Schellfisch in Rahmsoss'

1 Kilo ausgenommener, geschuppter Schellfisch ohne Kopf, 1/4 Liter Weißwein, 1/4 Liter Wasser, 1 Bund Suppengrün, Salz
Für die Soße: 1/4 Liter süße Sahne, 1/4 Liter Fischkochbrühe, 4 Eßlöffel Butter, 3 Eßlöffel Mehl, Salz und Pfeffer

Den Fisch innen und außen gut waschen. Das Suppengrün putzen und in grobe Stücke schneiden. Den Wein mit dem Wasser mischen, salzen, das gehackte Suppengrün dazugeben, und alles in einem weiten Topf aufkochen. Dann den Fisch hineinlegen und bei bedecktem Topf etwa 25–30 Minuten dünsten. Inzwischen die Butter zerlassen, das Mehl darin hellgelb andünsten. Mit der Fischbrühe aufkochen. Die Sahne dazugeben, und mit Salz und Pfeffer abschmecken. Dem gegarten Fisch vorsichtig die Haut abziehen, und das Fleisch in großen Stücken von den Gräten lösen. In die Rahmsoße legen, und 5 Minuten durchziehen lassen.

Marinierte Häring

6 Salzheringe, davon 2 Milcher, 1/4 Liter Magermilch.
Für die Marinade: 2 Stücke Heringsmilch, 6 Eßlöffel Öl, 3 Eßlöffel Weinessig, 2 Zwiebeln, 1 Lorbeerblatt, 6 Wacholderbeeren, 3 Nelken, Pfeffer, Salz

Die Salzheringe ausnehmen (besser im Fischgeschäft machen lassen) und die Haut abziehen. Über Nacht in der Magermilch im Kühlschrank stehen lassen. Am nächsten Tag die Heringsmilcher sehr fein hacken, und durch ein Haarsieb streichen. Mit dem Öl und dem Essig verrühren. Die Zwiebeln schälen, in dünne Ringe schneiden und zur Marinade geben. Das Lorbeerblatt, die Nelken und die Wacholderbeeren in die Marinade rühren, vorsichtig salzen, aber kräftig pfeffern. Die Soße über die gut abgetropften Heringe gießen, und sie in einem bedeckten Gefäß über Nacht im Kühlschrank ziehen lassen.
Diese marinierten Heringe wurden früher vorzugsweise zum Neujahrstag und zum Aschermittwoch zubereitet, und mit Gequellten zu Tisch gebracht.

fig · 9

Aufläufe und Pudding

Kerscheplotzer

Dieser süße Auflauf wird in jedem Haushalt ein bißchen anders zubereitet. Aber eins ist überall gleich – Kirschen müssen drin sein!

1 Glas Schattenmorellen ohne Steine, 200 gr Weckmehl, 100 gr Butter, 6 Eier, 150 gr Zucker, 50 Gramm gemahlene Mandeln, ½ Teelöffel Zimtpulver, 1 Prise Salz, 1 Schnapsglas Kirschwasser

Die weiche Butter mit den 6 Eigelben, dem Zucker und der Prise Salz schaumig rühren. Dann die gemahlenen Mandeln, das Weckmehl, das Kirschwasser und den Zimt dazugeben. Die Kirschen auf einem Sieb abtropfen lassen. Die 6 Eiweiße zu Eischnee schlagen. Die abgetropften Kirschen unter den Teig rühren, dann den Eischnee locker unterheben. Eine feuerfeste Form mit Butter ausfetten und mit Weckmehl bestreuen. Die Auflaufmasse hineinfüllen. Im vorgeheizten Backofen, Gas 3–4, Elektro 180 Grad, ca. 40–45 Minuten backen.

Kerschemischel

1 Glas Schattenmorellen ohne Steine, 8 altbackene Milchwecken, ½ Liter Milch, 4 Eier, 100 Gramm Butter, 100 Gramm gemahlene Haselnüsse, 8 Eßlöffel Zucker

Die Milchwecken in dünne Scheiben schneiden. Die Milch aufkochen und sofort über die Weckscheiben gießen. 30 Minuten stehen lassen. Inzwischen die Kirschen auf einem Sieb gut abtropfen lassen. Dann die Butter, den Zucker und die 4 Eigelbe gut verrühren. Die 4 Eiweiße zu Eischnee schlagen. Die Milchwecken leicht ausdrükken und mit der Butter-Zuckermasse gut verrühren. Die abgetropften Kirschen unterheben. Den Eischnee ganz locker unterziehen. Dann eine Auflaufform mit Butter gut ausfetten und die Masse hineinfüllen. Die Oberfläche glattstreichen und mit den gemahlenen Haselnüssen bestreuen. Im vorgeheizten Ofen, Gas 4, Elektro 200 Grad, 35–40 Minuten backen, und heiß servieren.

Rahmauflauf mit eingemachte Birneschnitze!

Rahm-Auflauf

Dieser besonders gute Auflauf wird sehr gerne mit einer Schüssel Kompott zu Tisch gebracht.

½ Liter süße Sahne, 8 Eier, 2 Eßlöffel Butter, 4 Eßlöffel Zucker, 2 Eßlöffel Speisestärke, 2 Eßlöffel geriebener Zwieback.

Die Sahne mit den 8 Eigelben, dem Zucker und der Speisestärke sehr gut verrühren (Handmixer). Die Eiweiße zu steifem Schnee schlagen. Eine feuerfeste Form mit Butter ausfetten, und mit geriebenem Zwieback bestreuen. Den Eischnee mit einer Gabel ganz locker unter die Rahmmasse heben, sofort in die Auflaufschüssel füllen und im vorgeheizten Ofen, Gas 3–4, Elektro 175 Grad, 35–40 Minuten backen.

Reisauflauf mit Äppel

Dieser Auflauf läßt sich auch mit eingemachten Kirschen, oder frischen Quitten, zubereiten.

200 Gramm Milchreis, ½ Liter Vollmilch, 6 vollreife Äpfel, 2 Eier, 1–2 Eßlöffel Zucker, ½ Teelöffel gemahlener Zimt, 2 Eßlöffel gehackte Mandeln, 3 Eßlöffel Butter

Den Milchreis in der Milch weichkochen. Dann auf ein Sieb schütten und etwas abkühlen lassen. Inzwischen die Äpfel schälen und in kleine Würfel schneiden. Den Reis in einer Schüssel mit den Apfelstückchen vermischen, und, je nach Geschmack, mit 1–2 Eßlöffel Zucker süßen. Dann die beiden Eiweiße zu steifem Schnee schlagen. Eine feuerfeste Form mit Butter ausfetten. Unter den Reis die beiden Eigelbe rühren, und danach den Eischnee mit einer Gabel ganz locker unterheben. Diese Masse in die gefettete Form füllen. Die Oberfläche glattstreichen und mit den gehackten Mandeln bestreuen. Einige Butterflöckchen aufsetzen. Den Reisauflauf im vorgeheizten Ofen, Gas 3–4, Elektro 175 Grad, 45 Minuten backen.

Dazu müsse die äppel aber gut mürb sein

Mandel-Auflauf

In der Pfalz gedeihen Mandeln und Nüsse sehr gut. Deshalb findet man bei den ältesten Rezepten immer wieder Aufläufe, Kuchen und Gebäcksorten, in denen Mandeln und Nüsse verwendet werden.

125 Gramm gemahlene süße Mandeln, 8 Eier, 125 Gramm Zucker, 150 Gramm Mehl, Butter, Weckmehl

Die gemahlenen Mandeln mit dem Zucker, dem Mehl und 2 ganzen Eiern sehr gut verrühren (Schneebesen oder Handmixer). Die Eiweiße von 6 Eiern steif schlagen. Dann die 6 Eigelbe unter die Mandelmasse rühren, und den Eischnee mit einer Gabel vorsichtig unterheben. Eine feuerfeste Form gut mit Butter ausstreichen und mit Weckmehl einstreuen. Die Mandelmasse hineinfüllen. Im vorgeheizten Backofen, Gas 3, Elektro 175 Grad, ca. 45 Minuten backen. Wird der Auflauf zu braun, die Oberfläche mit einem Stück gefettetem Pergamentpapier oder Alufolie bedecken. Dieser Mandelauflauf wird warm gegessen, und mit flüssiger Sahne serviert.

Haselnuß-Auflauf

200 Gramm geriebene Haselnüsse, 1/8 Liter süße Sahne, 5 Eier, 80 Gramm Zucker, 1 Teelöffel Speisestärke, 1 gehäufte Messerspitze Backpulver, Butter, Weckmehl

Die Haselnüsse mit dem Zucker, der Sahne, der Speisestärke und dem Backpulver verrühren. Dann die Eigelbe dazugeben. Die Eiweiße sehr steif schlagen, und mit einer Gabel ganz locker unter die Masse heben. Eine feuerfeste Form gut mit Butter ausfetten und mit Weckmehl bestreuen. Die Auflaufmasse in die Form füllen. Im vorgeheizten Backofen, Gas 3–4, Elektro 180 Grad, ca. 30–35 Minuten backen. Der Haselnuß-Auflauf wird mit einer Weinschaumsoße gegessen.

Das gab es als Nachtisch bei der Hochzeit von Amalie.

Edenkobener Auflauf

Dieses sehr alte Rezept wurde früher nur zu ganz festlichen Anlässen als warmes Dessert zubereitet. Die Damen tranken dazu Aprikosenlikör.

6 Milchwecken, 5 Eigelbe, ¼ Liter Milch, ¼ Liter süße Sahne, 100 gr Korinthen, 3 Eßlöffel Zucker, 1 Eßlöffel gemahlener Zimt
Für den Belag: 5 Eiweiße, 2 Eßlöffel Aprikosenmarmelade, 80 Gramm blättrig geschnittene Mandeln

Die Milchwecken in feine Scheiben schneiden. Die Milch, die Sahne, die Eigelbe, die Korinthen, den Zucker und den Zimt gut miteinander verrühren und über die geschnittenen Milchwecken gießen. 1 Stunde stehen lassen. Dann mit einem Handmixer zu einem glatten Teig verrühren. Eine Auflaufform mit Butter ausstreichen, die Masse hineinfüllen. Den Auflauf im vorgeheizten Ofen, Gas 3–4, Elektro 180 Grad, ca. 45–50 Minuten backen. Inzwischen die 5 Eiweiße mit einem Teelöffel Zucker zu Eischnee schlagen. Den fertiggebackenen Auflauf aus dem Ofen nehmen, dünn mit Aprikosenmarmelade bestreichen. Dann den Eischnee daraufgeben und glattstreichen. Die Mandelblättchen darüber streuen. Den Auflauf noch einmal kurz in den Backofen stellen, bis der Eischnee goldgelb aussieht.

Kabinetts-Pudding, feine Art

Dieser sehr üppige Pudding wurde früher gerne zu festlichen Anlässen, als krönender Abschluß eines nicht minder gehaltvollen Essens gereicht.

125 Gramm Löffelbisquits, 125 Gramm Mandelmakrönchen, 125 Gramm Korinthen, die über Nacht in 3 Eßlöffel Rum eingeweicht wurden, 80 Gramm blättrig geschnittene süße Mandeln, 8 Eier, ¼ Liter Milch, ¼ Liter süße Sahne, 3 Eßlöffel Zucker, 1 Teelöffel Speisestärke, Butter

Eine, mit einem passenden Deckel gut verschließbare, Kochpuddingform sehr gründlich mit weicher Butter ausfetten. Die Löffelbisquits und die Mandelmakrönchen sehr fein zerbröseln, und mit den in Rum eingeweichten und gut abgetropften Korinthen, und den Mandelblättchen in eine Schüssel geben. Die Eier mit der Sahne, der Milch und dem Zucker gut verrühren. Die Speisestärke mit einem Schneebesen unterschlagen. Diese Soße über die zerbröselte Bisquitmasse gießen und leicht durchrühren. Dann alles in die gefettete Puddingform füllen, den Deckel auflegen und den Pudding eine Stunde stehen lassen. Dann in einem hohen Topf Wasser zum Kochen bringen, die Puddingform hineinstellen und 1 ½ Stunden kochen. Ist die Kochzeit beendet, die Form kurz in kaltes Wasser stellen, dann den warmen Pudding vorsichtig stürzen, und lauwarm zu Schlagsahne servieren.

Notizen & weitere Rezepte:

So ein Mensch der Magen drucket,
der verschlucke für 3 Pfennige
spanischen Pfeffer.

fig. 10

Pfannkuchen und Ausgebackenes

Das schmeckt gut
zu Äppelkompott

Eier-Kraut

Der Pfälzer liebt »soi Pannekuche«, und daraus besteht das Eier-Kraut auch hauptsächlich.

250 gr Mehl, $^1/_2$ Liter Milch, 3 Eier, 2 Eßlöffel Zucker, 1 Prise Salz, Fett zum braten
Für den Guß: $^1/_8$ Liter süße Sahne, 2 Eigelbe, 1 Eßlöffel Zucker, 1 Teelöffel gemahlener Zimt, Butter

Das Mehl mit der Milch, den Eiern, dem Zucker und der Prise Salz zu einem glatten Teig verrühren, und in heißem Fett dünne Pfannkuchen daraus backen. Dann die Sahne, die Eigelbe, den Zucker und den Zimt gut verrühren. Eine flache, feuerfeste Form mit Butter ausfetten. Die Pfannkuchen einzeln aufrollen und in 1 cm schmale Streifchen schneiden. Die Streifchen in die ausgefettete Schüssel geben, mit der Sahnesoße übergießen, und im vorgeheizten Ofen, Gas 4, Elektro 200 Grad, ca. 15–20 Minuten backen.

Äppel-Pannekuche

Apfelbäume standen früher in jedem Pfälzer Garten, so war dieses preiswerte, süße Hauptgericht das ganze Jahr lang beliebt.

10 mürbe Äpfel, 250 gr Mehl, $^1/_2$ Liter Milch, 3 Eier, 3 Eßlöffel Zucker, 1 Prise Salz, Öl zum Backen
Zum Bestreuen: 3 Eßlöffel Zucker, 1 Eßlöffel gemahlener Zimt

Die Äpfel schälen, vierteln und in sehr kleine Würfelchen schneiden. Das Mehl mit der Milch, den Eiern, dem Zucker und der Prise Salz zu einem glatten Teig verrühren. Dann die Apfelwürfelchen darunterheben. Das Öl in einer gußeisernen Pfanne erhitzen, und aus dem Teig handtellergroße, dicke Küchlein ausbacken. Noch heiß mit Zucker und Zimt bestreuen.

Hefe-Pannkuche, bäuerliche Art

Diese Pfannkuchenart wird nicht in einer Pfanne zubereitet, sondern in einem weiten Topf, in Schmalz schwimmend, ausgebacken. Man kann sie 2–3 Tage aufbewahren. Frisch gebacken aß man sie früher sehr gerne zu Birnenkompott.

500 Gramm Mehl, 1 Päckchen Hefe, 1/4 Liter Vollmilch, 4 Eier, 4 Eßlöffel saure Sahne, 4 Eßlöffel Zukker
Zum Ausbacken: 250 Gramm Butterschmalz
Zum Bestreuen: 3 Eßlöffel Zucker, 1 Eßlöffel Zimtpulver

Das Mehl in eine Schüssel sieben, und in der Mitte eine Vertiefung formen. Die Hefe in diese Vertiefung hineinbröckeln, und mit einem Teelöffel Zucker und wenig lauwarmer Milch, einen kleinen Vorteig anrühren. Die Schüssel in der Zimmerwärme zugedeckt 20 Minuten stehen lassen. Dann den Teig mit den Eiern, der restlichen Milch, dem restlichen Zucker und der Sahne sehr gründlich durchkneten. Zugedeckt eine Stunde stehen lassen. Nun in einem weiten Topf das Butterschmalz erhitzen. Wirft das Schmalz an einen hineingehaltenen Holzlöffelstiel Blasen, dann hat es die richtige Temperatur. Jetzt mit einem bemehlten Löffel kleine Küchlein vom Teig abstechen und sie im Butterschmalz goldgelb ausbacken. Noch heiß in Zucker und Zimt wälzen.

Karthäuserklöß'

Dieses sehr alte Gericht wird, je nach Gegend, mit einer Weinschaumsoße, (Rezept Seite 30–31) mit Vanillesoße, oder mit Obstkompott zusammen, gegessen.

10 Milchwecken, 6 Eier, 1 Liter Vollmilch, 3 Eßlöffel Zucker, 1 Eßlöffel gemahlener Zimt, 100 Gramm Butter

Von den Milchwecken die braune Kruste mit einer Reibe abreiben und aufbewahren. Die Eier mit der Milch gut verrühren. Die

Ein billiges Rezept!

Milchwecken halbieren, und in die Eiermilch legen. Sind die Wekken ganz vollgesogen, werden sie vorsichtig auf ein Sieb gelegt. Jetzt die abgeriebene Weckkruste mit dem Zucker und dem Zimt verrühren. Die eingeweichten Wecken darin von allen Seiten panieren. In einem weiten Topf die Butter zerlassen, und die Karthäuserklöße darin von allen Seiten schön goldbraun braten.

Grieß-Kiechelcher

Diese Küchlein werden in Butterschmalz goldbraun gebacken, und als leichtes Mittagessen zu Obstkompott serviert.

500 Gramm feiner Grieß, 1/2 Liter Vollmilch, 5 Eier, 3 Eßlöffel Zucker, 1 Eßlöffel gemahlener Zimt, 2 Eßlöffel Butter, Butterschmalz

Die Milch mit der Butter und dem Zucker aufkochen, den Grieß hineinstreuen, und unter ständigem Rühren einen dicken Brei kochen. Die 5 Eigelbe einrühren, und den Grießbrei vom Herd nehmen. Den Brei abkühlen lassen. Inzwischen die Eiweiße zu Eischnee schlagen, und mit einer Gabel vorsichtig und locker unter den Grießbrei heben. Mit zwei Eßlöffeln, die man immer wieder in kaltes Wasser taucht, flache Küchlein abstechen. Das Butterschmalz erhitzen und die Grießküchlein darin von allen Seiten goldbraun braten.

Notizen & weitere Rezepte:

fig .11

Cremes

Unbedingt in der Himbeerzeit ausprobieren!

Himbeeren-Creme, sehr fein

Diese Creme ist eine Delikatesse, die Sie unbedingt einmal in der Himbeeren-Zeit zubereiten sollten. Die angegebene Menge reicht für 8–10 Nachtischportionen. Das Rezept stammt aus einer Klosterschule und wurde 1812 aufgeschrieben.

3 Pfund vollreife Himbeeren, 12 Eier, 125 Gramm Zucker, 1/4 Liter lieblicher Weißwein

Die Himbeeren waschen, gut abtropfen lassen und durch ein Sieb passieren. Den Wein erhitzen, den Zucker und das Himbeermus dazugeben, und alles aufkochen lassen. Dann vom Herd nehmen, die 12 Eier dazugeben. Den Topf in einen zweiten Topf mit kochendem Wasser stellen, und solange mit dem Schneebesen (Handmixer) die Creme schlagen, bis sie dicklich wird. Dann den Topf in Eiswasser stellen, und ein Viertelstunde lang die Creme gründlich aufschlagen. Jetzt die Himbeerencreme in eine Schüssel füllen, und im Kühlschrank erkalten lassen.

Woi-Crem'

Wie soll es in der Pfalz schon anders sein, selbstverständlich gibt es auch ein altes Rezept für eine Wein-Creme.

1/2 Liter lieblicher Weißwein, 125 Gramm Zucker, 6 Eier, 1 Messerspitze Zimt, 1 Eßlöffel Speisestärke.

Den Weißwein mit dem Zucker zum Sieden bringen. Die Eigelbe mit dem Zimt und der Speisestärke verquirlen. Die Eiweiße zu Eischnee schlagen. Mit einem Schneebesen die Eigelbmasse in den siedenden Weißwein rühren und alles dreimal aufkochen, bis die Creme dicklich geworden ist. Dann die Weincreme vom Herd nehmen und abkühlen lassen. Jetzt den Eischnee mit einer Gabel leicht unterheben, und die Weincreme völlig erkalten lassen.

Chokoladen-Creme, feine Art

Im Zeitalter der Fertigdesserts müssen Sie unbedingt einmal diese Creme ausprobieren. Sie kommt aus der französischen Küche in die Pfalz und bildet den richtigen Höhepunkt eines festlichen Essens.

125 Gramm Milchschokolade, 5 Eigelbe, 1/8 Liter süße Sahne, 1/8 Liter Vollmilch, 1 Schnapsglas Weinbrand

Die Milchschokolade fein zerbröckeln. Mit dem Weinbrand in einen Topf geben. Den Topf in einen zweiten Topf mit kochendem Wasser stellen, und die Schokolade schmelzen lassen. Dann die Sahne, die Milch und die 5 Eigelbe sehr gut miteinander verrühren. Mit einem Schneebesen die Sahnemilch und die flüssige Schokolade gut durchrühren, und kräftig aufkochen lassen. Dann die Creme in Portionsschälchen füllen, und im Kühlschrank erstarren lassen.

Das ist das Richtige für Herbert

fig .12

Süßes Backwerk

Dampfnudeln

Die Dampfnudel-Liebhaber befinden sich in zwei ganz getrennten Lagern –, die einen schwören auf Dampfnudeln mit salziger Kruste und feinherber Weinschaumsoße, die anderen aber finden die Dampfnudeln nur eßbar, wenn sie süßlich, in Milch gegart sind, und es eine süße Weinschaumsoße, oder eine Vanillecreme dazu gibt. Was Ihnen am besten schmeckt, probieren Sie doch bitte selber aus.

500 Gramm Mehl, 1 Päckchen Hefe, 1/8 Liter Vollmilch, 1 Ei, 100 Gramm Zucker, 1 Prise Salz

Das Mehl in eine Schüssel sieben, in der Mitte eine Vertiefung formen. Die frische Hefe in die Mehlvertiefung bröckeln, und mit wenig handwarmer Milch und einem Teelöffel Zucker einen kleinen Vorteig rühren. Die Teigschüssel mit einem reinen Tuch bedecken und zimmerwarm 20 Minuten stehen lassen. Dann den Teig mit dem Ei, der restlichen lauwarmen Milch, dem restlichen Zucker und einer Prise Salz gründlich durchkneten. Jetzt aus dem festen Teig Knödel mit einem Durchmesser von etwa 6 cm formen. Die Knödel auf ein bemehltes Brett setzen, mit einem Tuch bedecken, und 20 Minuten gehen lassen.

Für die salzigen Dampfnudeln: 1/2 Liter Wasser, 4 Eßlöffel Speiseöl, 1 Teelöffel grobes Salz

Einen gußeisernen Bräter etwa 1 cm hoch mit heißem Wasser füllen. Das Öl und das Salz dazugeben und aufkochen lassen. In die kochende Brühe jeweils 5 Dampfnudeln setzen. Den Deckel schließen, und bei wenig Hitzezufuhr etwa 15 Minuten garen. Wenn sich auf der Unterseite der Dampfnudeln eine Kruste gebildet hat, sind sie fertig.

Für die süßen Dampfnudeln: 1/2 Liter Milch, 100 Gramm Butter, 1 Eßlöffel Zucker

In einem gußeisernen Bräter die Milch mit der Butter und dem Zukker aufkochen, und in die kochende Flüssigkeit die Dampfnudeln setzen. Garen wie vorbeschrieben.

Rolfs Leib- und Magenspeise! (Aber salzig)

Schneckennudeln

Die Schneckennudeln haben überhaupt nichts mit Teigwaren zu tun, sondern es ist ein, in der Pfalz schon seit alters her sehr beliebtes Hefegebäck. Und hier noch ein Tip: Wenn die Schneckennudeln nach dem Backen besonders schön glänzen sollen, dann bestreicht man sie vor dem Backen mit Kondensmilch.

500 Gramm Mehl, 1/4 Liter Vollmilch, 1 Päckchen Hefe, 2 Eßlöffel saure Sahne, 100 Gramm Butter, 2 Eier, 100 Gramm Zucker
Für den Teigbelag: 125 Gramm Korinthen, 2 Eßlöffel Zucker, 1 Eßlöffel gemahlener Zimt.

Das Mehl in eine Schüssel sieben, und in der Mitte eine kleine Vertiefung anlegen. In diese Vertiefung die Hefe hineinbröckeln, einen Teelöffel Zucker dazugeben, und mit wenig handwarmer Milch daraus einen kleinen Vorteig rühren. Den Teig 20 Minuten bedeckt stehen lassen. Inzwischen die Butter zerlassen, mit den Eiern, der Sahne, der restlichen Milch und dem Zucker in die Teigschüssel geben, und alles sehr intensiv miteinander verarbeiten, bis der Teig Blasen wirft. Danach den Teig zugedeckt eine Stunde ruhen lassen. Jetzt noch einmal gründlich mit dem Holzlöffel (Handmixer) aufschlagen, und soviel Mehl zufügen, bis der Teig nicht mehr klebt, und sich formen läßt. Dann den Teig auf einem bemehlten Backbrett 1 cm dick ausrollen. Die Teigplatte mit Zucker und Zimt bestreuen und die gewaschenen Korinthen gleichmäßig darauf verteilen. Jetzt den Teig mit dem Backrädchen in zweifingerbreite Streifen schneiden, und diese einzeln zu Schnecken aufrollen. Ein großes Backblech gut einfetten und die Schnecken mit etwa 4 cm Abständen aufsetzen. Im vorgeheizten Backofen, Gas 4, Elektro 200 Grad, ca. 25–30 Minuten backen.

Läßt sich gut
auf Vorrat backen,
und einfrieren

Fassenachtsküchel oder Kreppel

Dieses leckere Gebäck, das immer frisch zubereitet gegessen wird, kommt gleich in den ersten Januartagen überall in den Handel. Direkt für die tollen Tage wird es auch heute noch in vielen Haushalten selber gebacken, denn »ohne Fassenachtsküchel oder Kreppel is halt koi Fassenacht«.

500 Gramm Mehl, 1 Päckchen Hefe, 125 Gramm Butter, 125 Gramm Zucker, 4 Eier, 3 Eßlöffel süße Sahne, 1 Eßlöffel Weinbrand, 6 Eßlöffel Zucker zum Bestreuen
Für die Füllung: 1/2 Glas feste Marmelade, z. B. Pflaumenmus, 1 Liter Öl zum Ausbacken

Das Mehl in eine Schüssel sieben und in der Mitte eine kleine Vertiefung machen. In diese Vertiefung die Hefe mit einem Teelöffel Zucker hineinbröckeln, und mit etwas lauwarmer Milch zu einem kleinen Vorteig anrühren. Die Schüssel 20 Minuten bedeckt stehen lassen. Danach die Butter zerlassen und mit den Eiern, der restlichen Milch, dem restlichen Zucker, der Sahne und dem Weinbrand verrühren. Zu dem Teig geben und alles gründlich durchkneten. Dann soviel Mehl dazugeben, bis der Teig nicht mehr klebt, und sich formen läßt. Den Hefeteig zugedeckt eine Stunde ruhen lassen. Danach den Teig in 2 Portionen teilen. Auf einem bemehlten Backbrett eine Portion 1 cm dick ausrollen. Mit einem kleinen Glas Kreise markieren. In jede Kreismitte einen kleinen Klecks Marmelade setzen. Jetzt die 2. Teigportion ebenfalls zu einer großen Platte ausrollen, diese über die erste legen, mit dem kleinen Glas Ronden ausstechen, die immer in ihrer Mitte einen Marmeladenklecks haben. Die Ränder gut zusammendrücken. In einem tiefen Topf das Öl erhitzen, und die Kreppel darin goldbraun backen. Noch heiß in Streuzucker wälzen.

Helau!

Das ist schnell gemacht für lieben Besuch.

Weingebäck

Das Kleingebäck schmeckt nicht nur sehr gut zum Wein, es wird auch mit Wein zubereitet.

500 Gramm Mehl, 250 Gramm Butter, 200 Gramm Zucker, 6 Eßlöffel Gewürz-Traminer, 1 Eßlöffel Zimtpulver, ½ Teelöffel Backpulver
Zum Bestreuen: 1 Eiweiß, 3 Eßlöffel Hagelzucker

Das Mehl mit dem Zucker und dem Backpulver in eine Schüssel geben. Die Butter zerlassen und mit dem Zimtpulver und dem Gewürz-Traminer zum Mehl geben. Einen festen Teig ausarbeiten, dabei eventuell noch etwas Mehl zufügen. Den Teig auf einem bemehlten Brett 1 cm dick ausrollen und mit einem Weinprobierglas (kleines Zehntel-Liter-Glas) runde Plätzchen ausstechen. Die Plätzchen mit Eiweiß bestreichen, und mit Hagelzucker bestreuen. Ein Backblech mit Margarine einfetten und die Plätzchen daraufgeben. Im vorgeheizten Ofen, Gas 3, Elektro 180 Grad, etwa 15 Minuten backen.

Howwel-Spän'

»Wo gehowwelt wird, do falle Spän'«, und diese Späne sind sogar süß, wie die Pfälzer Küche es liebt.

200 Gramm Mehl, 100 Gramm Zucker, 100 Gramm Butter, 2 Eier, 1 Prise Salz
Zum Ausbacken: 1 Liter Speiseöl.
Zum Bestreuen: 5 Eßlöffel Zucker, 2 Eßlöffel Zimtpulver.

Die Eier mit der weichen Butter und dem Zucker schaumig rühren, das Mehl dazugeben und alles gut durchkneten, bis ein ausrollfähiger Teig entstanden ist. Den Teig auf einem bemehlten Brett dünn ausrollen, und mit einem Backrädchen in 2 cm breite und 5 cm lange Streifchen schneiden. Das Öl erhitzen und die Howwel-Spän' darin in kleineren Portionen goldbraun ausbacken. Die heißen Howwel-Spän' mit Zucker und Zimtpulver bestreuen.
Früher gab es die Howwelspän' in der Silversternacht zum Punsch.

Eierwaffele, feine Art

Diese Waffeln werden frisch gebacken und warm, sehr gerne zum Kaffee gegessen.

250 Gramm Butter, 8 Eier, 8 Eßlöffel Mehl, 65 Gramm Zucker, 1/8 Liter Sahne, 1 Prise Salz

Die Eier in Eigelbe und Eiweiße trennen. Die Eiweiße zu Eischnee schlagen. Die weiche Butter mit den Eigelben, dem Zucker und der Sahne verrühren. Die Prise Salz dazugeben. Löffelweise das Mehl einrühren. Dann den Waffelteig 1/2 Stunde stehen lassen. Das Waffeleisen einfetten, und aus dem Teig goldgelbe Waffeln backen.

Der Kaffee-Kuchen hält sich lange saftig und frisch.

Kaffee-Kuchen

Früher war dieser Kuchen besonders beliebt. Das einfache Rezept wurde auch einmal mitten in der Woche gebacken, ohne besonderen Anlaß. Der Kaffee-Kuchen läßt sich, in Alufolie gewickelt, bis zu 8 Tage lang frisch halten, und ist auch gut zum Einfrieren geeignet. In manchen Gegenden wird der Kaffee durch die gleiche Menge Pfälzer Rotwein ersetzt.

500 Gramm Mehl, 1/2 Päckchen Backpulver, 125 Gramm Butter, 4 Eier, 250 Gramm Zucker, 125 Gramm Korinthen, 1/4 Liter ungesüßter, kräftig gekochter Bohnenkaffee oder Rotwein, 1 Eßlöffel Zimtpulver, 1/2 Teelöffel Nelkenpulver.
Zum Bestreuen: Puderzucker

Die Eier in Eigelbe und Eiweiße trennen. Die Eiweiße zu Eischnee schlagen. Die Eigelbe mit der weichen Butter, dem Zucker und den Gewürzen schaumig schlagen. Das Mehl mit dem Backpulver vermischen, und löffelweise zur Eigelbmasse geben. Dann den kalten Bohnenkaffee dazugießen, und den Teig gut durchrühren. Eine Springbodenform ausfetten, und mit Weckmehl dünn einstreuen.

Den Teig hineinfüllen, und glattstreichen. Den Backofen vorheizen, Gas 3–4, Elektro 180 Grad, und den Kuchen 65–70 Minuten backen. (Garprobe mit einem Hölzchen machen! Klebt nichts fest, ist der Kuchen fertig.)
Den fertigen Kuchen mit Puderzucker bestreuen.

Pfitzauf

Um 1850 gab es in jedem besseren Haushalt sogar spezielle Pfitzauf-Backformen, denn dieser Kuchen war sehr beliebt. Oft wurde er auch in kleinen Portionsförmchen gebacken. Das Besondere an diesem Rezept ist die karamelisierte Kruste, die der Kuchen durch das nochmalige Backen erhält.

250 Gramm Mehl, 6 Eier, 125 Gramm Zucker, 1 Teelöffel Backpulver, 125 Gramm Butter, 1/4 Liter Vollmilch, 1 Teelöffel gemahlener Zimt
Zum Bestreuen und Karamelisieren: 100 Gramm Butter, 3 Eßlöffel Zucker, 1 Teelöffel Zimtpulver

Die Eier mit dem Zucker und der weichen Butter schaumig rühren. Das Mehl mit dem Zimtpulver und dem Backpulver vermischen, und samt der Milch zu der Eiercreme geben. Alles gut durchrühren. Eine Springbodenform einfetten, und mit Weckmehl einstreuen. Den Teig hineinfüllen und glattstreichen. Den Backofen vorheizen, Gas 3, Elektro 180 Grad, und den Kuchen 60 Minuten backen. Den heißen Kuchen sofort mit 100 Gramm Butter bestreichen, und mit dem Zucker und dem Zimtpulver bestreuen. Noch einmal bei 220 Grad, Gas Stufe 5, in den Ofen stellen und den Pfitzauf während etwa 6–8 Minuten karamelisieren. Ist der Zuckerbelag braun geworden, den Pfitzauf aus dem Ofen nehmen. Nach 10 Minuten die Form öffnen, und den Pfitzauf auf einem Kuchenrost abkühlen lassen.

Prinze-Brot

Dieses gefüllte Gebäck war um 1900 bei den Pfälzer Kindern sehr beliebt, und sie stellten sich vor, daß »Prinzen so etwas Gutes bestimmt so oft essen, wie sie das Brot«, daher der beziehungsreiche Name.

250 Gramm Mehl, 250 Gramm Butter, 4 Eier, 60 Gramm Zucker, knapp ½ Liter Milch
Für den Belag: 100 Gramm Mandelsplitter, 1 Ei, 4 Eßlöffel Johannisbeer- oder Himbeergelee, 4–5 Eßlöffel Hagelzucker

Die Milch, die Eier und den Zucker in einen Topf geben und aufkochen lassen. Dann unter ständigem Rühren löffelweise das Mehl zufügen, und den Teig solange bei mäßiger Hitzezufuhr mit einem Holzlöffel schlagen, bis er sich vom Topfboden ablöst. Nun den Topf vom Herd nehmen. Den Teig auf Handwärme abkühlen lassen, und die Eier dazugeben. Gründlich durchkneten. Aus dem Teig fingerlange, dicke Würstchen formen. Die Würstchen mit verquirltem Ei bestreichen, und mit Hagelzucker und Mandelsplitter bestreuen. Den Ofen vorheizen, Gas 3–4, Elektro 180 Grad, und die Teilchen etwa 20 Minuten backen. Ist das Prinze-Brot abgekühlt, wird es mit einem scharfen Messer der Länge nach durchgeschnitten, und dünn mit Gelee bestrichen. Das Prinze-Brot dann wieder zusammensetzen, und dabei die Hälften leicht zusammendrücken.

Prinze-Brot
macht Wangen rot.

Notizen & weitere Rezepte:

Gutes Ladwerge zu kochen.

Will man gutes Ladwerge kochen, so lege man die Zwetschgen auf Stroh schön auseinander, und bewahre sie auf, bis man Traubenmost haben kann. Alsdann nimm 20 Liter Traubenmost, lasse diesen unter Abschäumen zur Hälfte einkochen. Nimm dann 2 Körbe Zwetschgen, welche ausgekernt, und einen Korb voll guter Butterbirnen, welche geschält und in 4 Theile geschnitten sein müssen, lasse dies alles 1/2 Tag in einem Kupferkessel kochen, ohne aber umzurühren. Nimm das Mus am Abend aus dem Topf, und lasse es 2 Tage im Keller zugedeckt stehen. Am Morgen des dritten Tages thue alles in einen reinen Kupferkessel und lasse es unter immerwährendem Rühren kochen, bis des Abends 10 Uhr. Dann rühre 2 Caffeelöffel voll Zimmt gemahlen, und einen Caffeelöffel gemahlener Gewürznägelein und 1/4 Caffeelöffel gemahlener Muskatblüte darunter.
Jetzt ist die Ladwerge gut.

Fig. 13

Die

Weihnachtsbäckereien

bnben.

So hat sie schon
unsere Urgroßmutter
gebacken. Sehr fein!

Peffernüss'

Das Gebäck gehört zu den ältesten Rezepten, die aufgeschrieben wurden, und es wird in fast jeder Gegend Deutschlands gebacken. Probieren Sie doch einmal die Pfälzer Version, natürlich mit Wein zubereitet.

500 Gramm Mehl, 300 Gramm Zucker, 1 Teelöffel Backpulver, 4 Eier, 1 Teelöffel gemahlener Zimt, 1 gehäufte Messerspitze gemahlener schwarzer Pfeffer, 1 Messerspitze gemahlene Nelken, 3 Eßlöffel weißer Burgunder
Zum Befeuchten: 1 kleines Glas weißer Burgunder

Die Eier mit dem Zucker schaumig rühren, das Mehl mit dem Backpulver vermischen, und löffelweise unterrühren. Dann alle Gewürze und den weißen Burgunder dazugeben. Den Teig gründlich durchkneten und halbfingerdick ausrollen. Mit einer kleinen runden Ausstechform Küchlein ausstechen, und sie auf einem bemehlten Brett über Nacht im Zimmer stehen lassen. Am nächsten Tag die Küchlein wenden, und die Unterseite mit weißem Burgunder bestreichen. Danach werden die Pfeffernüsse sofort im vorgeheizten Ofen, Gas 3, Elektro 180 Grad, etwa 20 Minuten gebacken.

Großmutters Lebkuchen von 1850

Das Rezept ist schon über 125 Jahre alt, und schmeckt heute noch so gut wie damals.

600 Gramm Mehl, 250 Gramm gemahlene süße Mandeln, 375 Gramm Bienenhonig, 375 Gramm Zucker, 100 Gramm Zitronat, 20 Gramm gemahlene Gewürznelken, 5 Gramm gemahlener Zimt, 10 Gramm Pottasche (aus der Apotheke), 1/2 Tasse Rosenwasser (aus der Apotheke)

Den Honig bis zum Kochen erhitzen. Den Zucker dazugeben, und so lange rühren, bis er sich ganz aufgelöst hat. Dann den Topf vom Herd nehmen, und das Gemisch in eine Schüssel gießen. Das Mehl löffelweise unterrühren, bzw. kneten, und dabei nach und nach die Pottasche, alle Gewürze und das Rosenwasser mit einarbeiten. Wenn der Teig geschmeidig geworden ist und gut zusammenhält, wird er zu einer großen Kugel geformt, mit wenig Mehl bestäubt, und, mit einem reinen Tuch bedeckt, 4 Tage an einen kühlen Platz gestellt. Am 5. Tag den Teig auf einem bemehlten Brett in Portionen halbfingerdick ausrollen, und in mundgerechte Vierecke schneiden. Die Lebkuchen auf ein eingefettetes Blech legen. Im vorgeheizten Ofen, Gas 3–4, Elektro 180 Grad, etwa 25–30 Minuten backen.

Bauretrappe

Das Rezept für die Bauretrappen ist mindestens 200 Jahre alt, genauso alt, wie das nachfolgende Plätzchenrezept, die Otterberger.

500 Gramm Zucker, 6 Eier, 500 Gramm gemahlene Walnüsse, 50 Gramm Mehl, jeweils 2 Messerspitzen gemahlener Zimt und gemahlene Nelken

Die Eier mit dem Zucker schaumig rühren. Die gemahlenen Nüsse, das Mehl und die Gewürze dazugeben. Ein Backblech gut einfetten, und walnußgroße Kügelchen daraufsetzen. Mit einem reinen Tuch bedeckt über Nacht stehen lassen. Am nächsten Tag den Backofen vorheizen, Gas Stufe 3, Elektro 180 Grad, und die Bauretrappen 15 Minuten backen.

Otterberger

500 Gramm Zucker, 200 Gramm Mehl, 4 Eier, 2 Messerspitzen Kardamom, 2 Messerspitzen Zimtpulver, 2 Messerspitzen Koriander, 1 Messerspitze Hirschhornsalz (aus der Apotheke)

Die Eier mit dem Zucker schaumig rühren, dann das Mehl, das Hirschhornsalz und alle Gewürze dazugeben. Den Teig 2 Tage bedeckt ruhen lassen. Danach 1 cm dick auf bemehltem Brett ausrollen, und kleine runde Plätzchen ausstechen.
Die Plätzchen auf ein eingefettetes Blech legen. Im vorgeheizten Backofen, Gas Stufe 3, Elektro 180 Grad, etwa 15–20 Minuten backen.

Frankfurter Brenten

Die Klosterschulen, in denen früher die »höheren Töchter« vor ihrer Verheiratung den »letzten Schliff« erhielten, gaben ihren Zöglingen auch immer eine Sammlung der besten Rezepte mit. Aus einer solchen handschriftlichen Sammlung, 1812 aufgeschrieben, stammen die folgenden fünf Backrezepte: Frankfurter Brenten, Weiße Lebkuchen, Zimmet-Sterne mit Haselnüss', Käschte-Bisquit und Gewürzbrot.

500 Gramm süße, geriebene Mandeln, 500 Gramm Zucker, 125 Gramm Mehl, 3 Eier, 3 Messerspitzen gemahlenes Piment, 3 Messerspitzen Koriander
Zum Bestreichen: 1 Teelöffel Zimtpulver, 3 Eigelbe, 1/2 Teelöffel Zucker

Die geriebenen Mandeln mit dem Zucker in einen Topf geben. Bei wenig Hitzezufuhr unter stetem Rühren solange rösten, bis sich die Masse gut vom Kochlöffel löst. Den Topf vom Herd nehmen und die Eier hineinrühren. Das Mehl mit den Gewürzen vermischen und alles löffelweise zur Mandelmasse geben. Den Teig auf einem bemehlten Backbrett 1/2 cm dick ausrollen. Mit einem reinen Tuch bedeckt, den Teig 2 Tage an einem kühlen Ort ruhen lassen. Dann die Teigplatte in kleine Rechtecke, etwa 4 × 6 cm, schneiden. Ein Backblech mit eingefettetem Pergamentpapier auslegen (oder Backtrennpapier, ohne Fett, nehmen) und die Frankfurter Brenten mit den, mit Zucker und Zimt verrührten, 3 Eigelben bestreichen. Den Backofen vorheizen, Gas Stufe 3, Elektro 175 Grad, und die Brenten 20–25 Minuten backen.

Weiße Lebkuchen

500 Gramm Mehl, 350 Gramm Zucker, 500 Gramm geriebene, süße Mandeln, 8 Eier, 1 Teelöffel gemahlener Zimt, 1 Teelöffel Kardamom, 1/2 Teelöffel gemahlene Nelken, 1/4 Teelöffel gemahlene Muskatblüte, 1 Packung tassengroße, runde Oblaten
Für den Guß: 250 Gramm Puderzucker, 2 Eßlöffel Wasser.

Die Eiweiße werden zu Eischnee geschlagen. Die Eigelbe mit dem Zucker und den Gewürzen schaumig rühren. Dann das Mehl unterrühren. Den Eischnee mit einer Gabel locker unterheben. Den Teig auf die Oblaten streichen. Den Backofen vorheizen, Gas Stufe 3, Elektro 175 Grad. Die Lebkuchen etwa 15–20 Minuten backen. Inzwischen den Puderzucker mit dem Wasser verrühren. Die etwas abgekühlten Lebkuchen damit überziehen.

Zimmet-Sterne mit Haselnüss'

500 Gramm Zucker, 250 Gramm geriebene Mandeln, 250 Gramm geriebene Haselnüsse, 6 Eiweiße, das Mark aus einer Vanillestange, 1 Teelöffel gemahlener Zimt

Die Eiweiße mit dem Zucker zu Eischnee schlagen. 4 Eßlöffel davon für den Guß beiseite stellen. Dann die Mandeln, die Haselnüsse, das Vanillemark und den Zimt mit einer Gabel locker unter den Eischnee heben. Ein Backbrett mit Zucker und Mehl gut bestreuen. Den Teig darauf halbfingerdick ausrollen und Sterne ausstechen. Die Sterne mit dem übrig behaltenen Eischnee bestreichen. Den Backofen vorheizen, Gas 2–3, Elektro 150–160 Grad, und die Zimtsterne während 30–35 Minuten mehr trocknen als backen.

Käschte-Bisquit

200 Gramm geröstete Käschte ohne die Schalen, 250 Gramm Zucker, 140 Gramm Mehl, 1 Teelöffel Backpulver, 4 Eier
Für den Guß: 3 Eigelbe, 2 Eßlöffel Puderzucker

Die gerösteten Kastanien mit einer Nußmühle fein mahlen. Die Eier mit dem Zucker schaumig rühren, und die Kastanien dazugeben. Dann das Mehl mit dem Backpulver vermischen und löffelweise unterarbeiten. Nun mit bemehlten Händen kleine Kugeln formen. Ein Backblech mit eingefettetem Pergamentpapier belegen (oder Backtrennpapier benutzen). Die Kügelchen auf das Blech legen, und mit einer bemehlten Gabel leicht flach drücken. Jetzt die Eigelbe mit dem Puderzucker verrühren, und die Plätzchen damit bestreichen. Im vorgeheizten Ofen, Gas 3, Elektro 175 Grad, 15–20 Minuten backen.

Gewürzbrot

280 Gramm Mehl, 1 Teelöffel Backpulver, 280 Gramm Zucker, 4 Eier, 2 Eßlöffel feingewiegtes Orangeat, 2 Eßlöffel feingewiegtes Zitronat, 1 Teelöffel gemahlener Zimt, ½ Teelöffel gemahlene Nelken, 3 Messerspitzen Piment, 3 Messerspitzen Koriander

Die Eier mit dem Zucker schaumig rühren. Das Mehl mit dem Backpulver vermischen, und löffelweise zu der Eiermasse geben. Dann die Gewürze, das Zitronat und das Orangeat in den Teig rühren. Ein Backblech gut einfetten. Den Teig darauf etwa 1 cm dick verstreichen. Im vorgeheizten Backofen, Gas 3–4, Elektro 180 Grad, das Gewürzbrot ungefähr 20 Minuten backen. Ist die Teigplatte etwas abgekühlt, wird das Gewürzbrot mit einem scharfen Messer in mundgerechte Würfel geschnitten.

Läßt sich gut aufheben.

Notizen & weitere Rezepte:

fig. 14

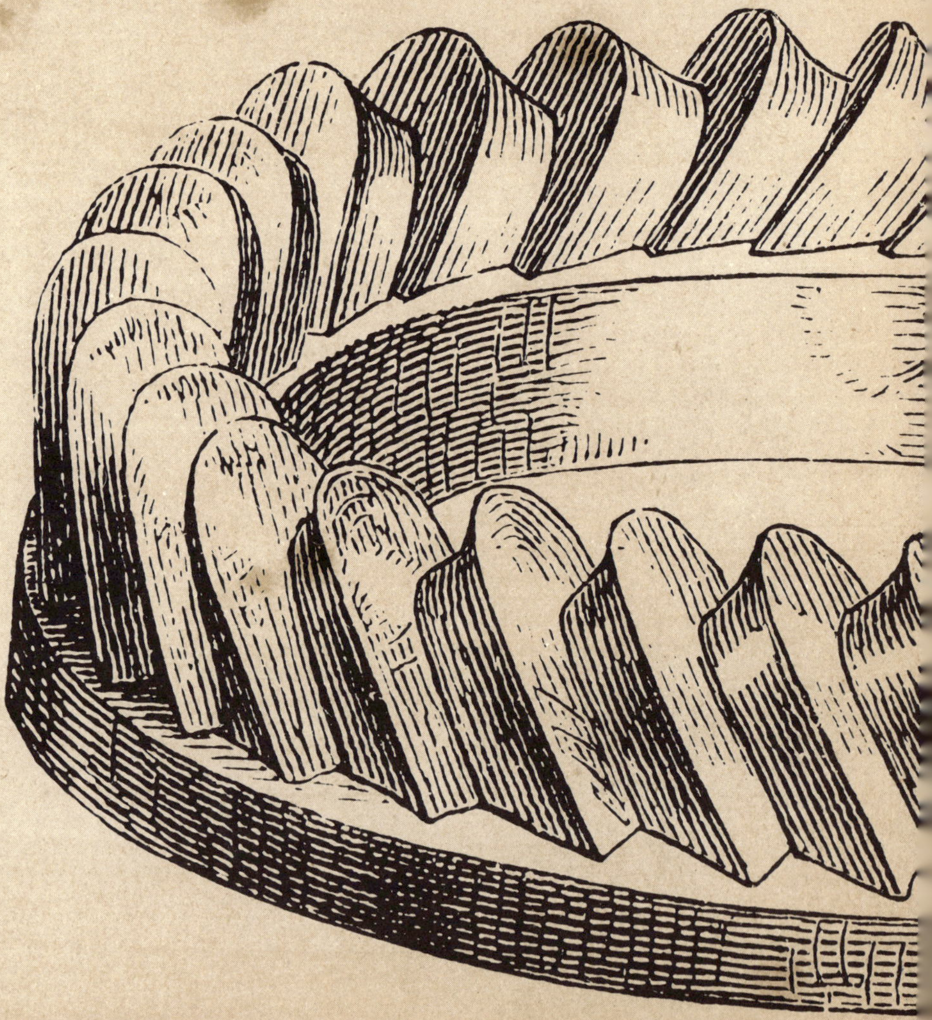

Herzhafte Bäckereien

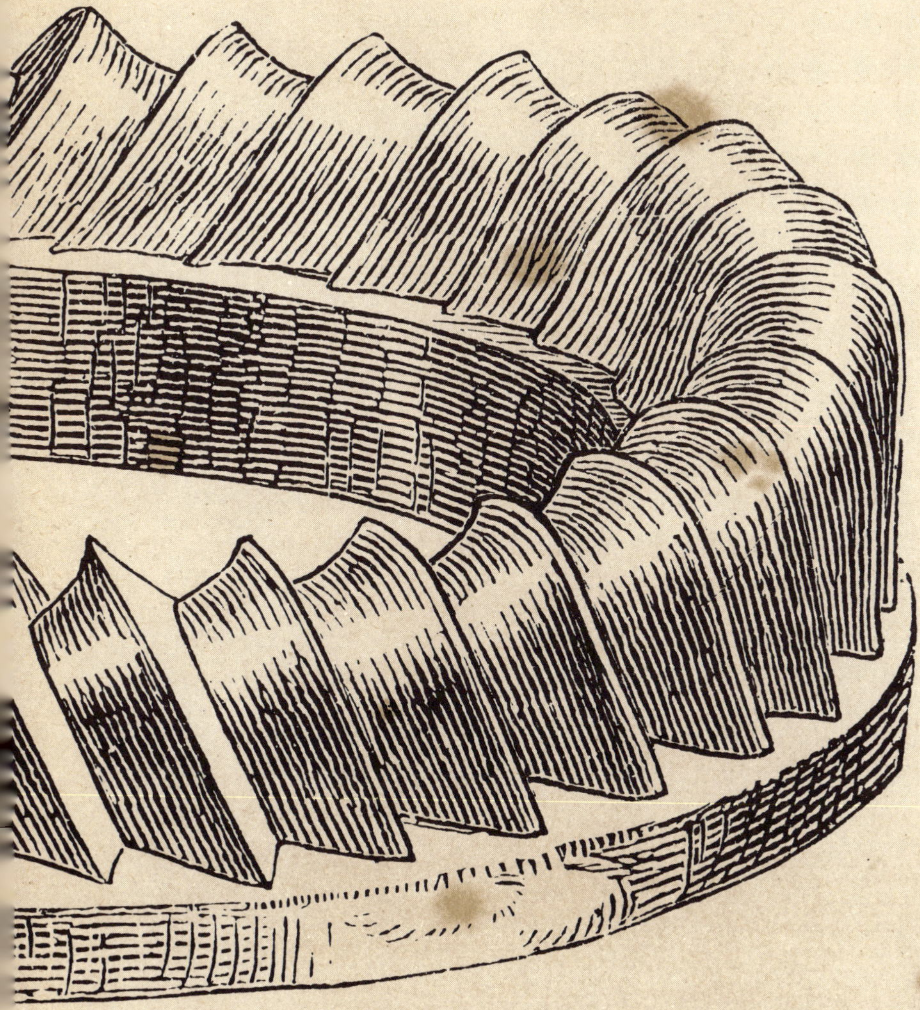

Zwiwwel-Kuche, einfache Art

Was wäre die Pälzer Küch' ohne ihren Zwiwwel-Kuche! Nicht auszudenken, was man zum Fedderweißen essen sollte, gäbe es ihn nicht. Es gibt zwar auch einige Gegenden in der Pfalz, wo man gerade zu Fedderweißem Gequellte un' Lewwerworscht ißt, aber Zwiwwelkuchen gehört eigentlich an die erste Stelle in der Rangliste typischer Pfälzer Gerichte. Jede Hausfrau macht den herzhaften Kuchen ein bißchen anders, deshalb finden Sie hier auch gleich 5 verschiedene Rezepte dafür.

Zwiwwelkuche, einfache Art
Für den Teig: 500 Gramm Mehl, 1/8 Liter lauwarmes Wasser, 1 Päckchen Hefe, 1/4 Teelöffel Salz, 1/4 Teelöffel Zucker, 1 Eßlöffel Öl
Für den Belag: 1 Kilo Zwiebeln, 4 Eßlöffel Margarine, 1 Teelöffel Kümmel, Salz und Pfeffer

Aus den angegebenen Zutaten einen festen Hefeteig zubereiten. Ist der Teig zum 2. Mal »gegangen«, wird er auf einem gefetteten Backblech ausgerollt. Inzwischen wurde der Belag vorbereitet: Die Zwiebeln schälen, und in kleine Würfel schneiden. In einem weiten Topf die Margarine erhitzen. Ein Viertel der Zwiebelmenge hineingeben, goldgelb anbraten, aus dem Topf nehmen, die nächste Portion Zwiebeln braten, usw. Sind alle Zwiebeln gebraten, werden sie zusammen in den Topf zurückgegeben, und bedeckt bei milder Hitze, in etwa 10 Minuten, im eigenen Saft weichgedünstet. Sind die Zwiebeln ganz weich geworden, werden sie sehr kräftig mit Kümmel, Salz und Pfeffer gewürzt. Danach wird die Zwiebelmasse auf dem ausgerollten Hefeteig verteilt, und glattgestrichen. Im vorgeheizten Backofen, Gas 4, Elektro 200 Grad, 25–30 Minuten backen, und sofort zu Tisch bringen.

Zwiwwel-Kuche, bäuerliche Art

Für den Teig: 500 Gramm Mehl, 1 Ei, 1/8 Liter lauwarmes Wasser, 1/2 Teelöffel Zucker, 1 Päckchen Hefe, 1/2 Teelöffel Salz
Für den Belag: 1 Kilo Zwiebeln, 250 Gramm Dörrfleisch in Scheiben, 4 Eßlöffel Schweineschmalz, 1 Teelöffel Kümmel, Salz und Pfeffer

Einen festen Hefeteig zubereiten, 2mal gehen lassen und auf einem eingefetteten Blech ausrollen. Inzwischen den Belag zubereiten: Die Zwiebeln schälen und in kleine Würfel schneiden. Dann das Dörrfleisch würfeln und in dem zerlassenen Schmalz kurz anbraten. Jetzt die Zwiebeln dazugeben. Kurz durchrühren, und im bedeckten Topf bei wenig Hitzezufuhr weich dünsten. Sind die Zwiebeln ganz weich geworden, wird die Masse sehr kräftig mit Kümmel, Salz und Pfeffer gewürzt. Den Belag auf dem ausgerollten Hefeteig verstreichen, und den Kuchen 25–30 Minuten, bei 200 Grad, Gas 3–4, backen.

Zwiwwel-Kuche, bürgerliche Art

Für den Teig: 500 Gramm Mehl, 1 Päckchen Hefe, 1/2 Teelöffel Zucker, 1/8 Liter lauwarmes Wasser, 1 Ei, 1/2 Teelöffel Salz
Für den Belag: 1 Kilo Zwiebeln, 200 Gramm Schinkenspeck, 4 Eier, 1/8 Liter Milch, 1 Teelöffel Kümmel, Salz, Pfeffer, Öl

Einen festen Hefeteig zubereiten, 2mal gehen lassen, und auf einem eingefetteten Backblech ausrollen. Inzwischen den Belag zubereiten: Die Zwiebeln schälen und in kleine Würfel schneiden. Den Schinkenspeck ebenfalls würfeln. In einem weiten Topf Öl erhitzen, den Schinkenspeck darin kurz anbraten, dann die Zwiebeln dazugeben. Gut durchrühren und mit der Milch auffüllen. Alles aufkochen lassen, und bei halb offenem Topf garen, bis die Zwiebeln ganz weich sind. Dann den Topf vom Herd nehmen und die Masse abkühlen lassen. Nun die Eier unter den Belag rühren, und alles sehr kräftig mit Kümmel, Salz und Pfeffer würzen. Die Masse auf dem Hefeteig verstreichen, und, wie vorbeschrieben, backen.

Zwiwwel-Kuche, ganz besonders

Für den Teig: 500 Gramm Mehl, 2 Eier, 1/8 Liter warme Milch, 1 Päckchen Hefe, 1/2 Teelöffel Zucker, 1/2 Teelöffel Salz, 50 Gramm zerlassene Margarine
Für den Belag: 1 Kilo Zwiebeln, 200 Gramm gekochter Vorderschinken, 3 Eier, 1/4 Liter süße Sahne, Salz, Pfeffer, 1 Teelöffel Kümmel, Margarine

Aus den angegebenen Zutaten einen festen Hefeteig zubereiten, zweimal gehen lassen, und auf einem eingefetteten Backblech ausrollen. Inzwischen die Zwiebeln schälen und in kleine Würfel schneiden. Den gekochten Schinken, mit dem Fettanteil, würfeln. In einem weiten Topf Margarine zerlassen, den Schinken darin kurz anbraten und dann die Zwiebeln dazugeben. Mehrmals gut durchrühren und die Sahne dazugießen. Bei halboffenem Topf die Zwiebelmasse garen, bis die Zwiebeln ganz weich geworden sind. Jetzt den Topf vom Herd nehmen und die Masse abkühlen lassen. Dann die Eier unter die Zwiebeln rühren, und alles mit Kümmel, Salz und Pfeffer sehr kräftig würzen. Den Belag auf dem Hefeteig verstreichen, und wie vorbeschrieben backen.

Zwiwwel-Kuche, Neupfälzer Art

(Ohne Fettzugabe)

Für den Teig: 400 Gramm Weißbrotteig vom Bäcker (2 Tage vorher bestellen)
Für den Belag: 1 Kilo Zwiebeln, knapp 1/4 Liter herber Weißwein, 4 Eier, 1 Teelöffel Kümmel, 2 Teelöffel mildes Paprikapulver, Salz und Pfeffer, 1/2 Bouillonwürfel

Den Weißbrotteig auf einem eingefetteten Backblech dünn ausrollen. Für den Belag die Zwiebeln schälen und in kleine Würfel schneiden. Den Weißwein erhitzen, den halben Bouillonwürfel darin auflösen, und die Zwiebeln hineinrühren. Bei bedecktem Topf werden die Zwiebeln so lange geschmort, bis sie ganz weich sind. Dann die Masse abkühlen lassen. Danach die Eier mit dem Paprikapulver verrühren und zu den Zwiebeln geben. Den Belag sehr kräftig mit Kümmel, Salz und Pfeffer würzen, und auf dem Weißbrotteig glattstreichen. Wie bei den vorherigen Rezepten backen.

Speck-Kuchen, einfache Art

Damit auch die »Nicht-Zwiebel-Esser« etwas Leckeres bekommen können, gibt es in der Pfalz ganz alte Rezepte für Speck-Kuchen, die ebenfalls warm, zu Wein, Bier oder Federweißen, gegessen werden.

Für den Teig: 500 Gramm Mehl, 1 Päckchen Hefe, 1/8 Liter warmes Wasser, 1/2 Teelöffel Zucker, 1/2 Teelöffel Salz, 1 Ei
Für den Belag: 350 Gramm Dörrfleisch, Salz, Pfeffer, Schmalz

Einen festen Hefeteig zubereiten, 2mal gehen lassen, und auf einem gefetteten Backblech ausrollen. Für den Belag das Dörrfleisch würfeln. In einer großen Pfanne Schmalz erhitzen, und das Dörrfleisch darin unter Rühren glasig werden lassen, aber nicht bräunen. Dann samt dem Bratfett auf den ausgerollten Hefeteig geben, verteilen, leicht salzen und pfeffern. Den Backofen vorheizen, Gas 4, Elektro 200 Grad. Den Speck-Kuchen 20 Minuten backen, und heiß servieren.

Für alle, die
keine Zwiwwele
esse' wolle.

Speck-Kuchen, gutbürgerlich

Teig: wie beim Speckkuchen, einfache Art
Für den Belag: 350 Gramm Dörrfleisch, 1/8 Liter saure Sahne, 3 Eier, Salz, Pfeffer, Margarine

Den Hefeteig auf einem eingefetteten Backblech ausrollen, und das Dörrfleisch in kleine Würfel schneiden. In einer Pfanne Margarine zerlassen, das Dörrfleisch darin glasig anbraten. Dann die Pfanne vom Herd nehmen. Die Sahne mit den Eiern verrühren. Die Dörrfleischwürfel samt dem Bratfett auf dem Hefeteig verteilen. Die Eiermilch vorsichtig darüber gießen. Den Speckkuchen leicht salzen und pfeffern. Wie vorbeschrieben backen.

Notizen & weitere Rezepte:

Da lieget ausgebreitet in stets verjüngter Pracht
Ein weiter Gottesgarten, vom Himmel reich bedacht.
Was nur das Herz ergözet, was nur den Blik erfreut,
Das findest du hier Alles in Fülle ausgestreut.
Ringsum die Berge gürtet der Wälder grüner Kranz,
Und drüber schwebt die Sonne in ihrem hellsten Glanz.
Die lust'gen Rebenhügel, der Aehrenfelder Flur,
Sie zeugen von der Liebe der schaffenden Natur.
Wo findet sich auf Erden so heimlich trauter Ort?
Wo klingt so süss zum Herzen das biedre deutsche Wort?
Wo woget auf den Fluren der Segen ohne Zahl?
Wo ist zu Nuz und Wonne geschmüket Berg und Thal?
Wo fügt sich alles Schöne zum lieblichsten Verein?
Sag' an des Landes Namen! — Das ist die Pfalz am Rhein!

fig. 15

Getränke

Unbedingt am 1. Mai machen!

Mai-Woi

Der Pfälzer trinkt »soi Woi« am liebsten pur und unvermischt, doch da hat er die Rechnung ohne die resoluten Pfälzer Damen gemacht, die »aach emol gehre ihr'n Schnawwel in ebbes Guddes enoi tunke«. (Die auch einmal gerne ihren Schnabel in etwas Gutes tunken). Und, es ist halt »ohne Mai-Woi koi Mai«.

1 Liter herber Pfalzwein, 1 Bund frischer Waldmeister, 1 Eßlöffel Zucker

Den Waldmeister waschen und dabei die braunen Blättchen entfernen. Dann die Stiele bis zum Blattansatz wegschneiden. Den Waldmeister in eine Terrine geben, mit dem Zucker überstreuen, und mit dem gut durchgekühlten Weißwein übergießen. 30 Minuten bei Zimmertemperatur zugedeckt ziehen lassen. Dann den Mai-Wein durch ein feines Sieb gießen, dabei den Waldmeister leicht ausdrükken. Den Mai-Wein sehr gut gekühlt genießen.

Davon wird selbst der Deiwel fromm!

Kardinals-Bowle

Auch diese Zubereitungsart ist in der Pfalz schon seit gut 150 Jahren bekannt.

2 Flaschen herber Pfalzwein, 2 Apfelsinen (früher Pomeranzen), 2 Zitronen, 200 Gramm Puderzucker

Die Apfelsinen und die Zitronen werden ausgepreßt. Der Saft wird mit dem Puderzucker sehr gut verrührt, und dann durch ein feines Tuch in eine Terrine gegossen. Nun kommt der gutgekühlte Pfalzwein dazu, die Bowle wird mit Bedacht umgerührt und sofort serviert.

Die Milch der frommen Denkungsart, hat hier mit Mandeln sich gepaart!

Mandelmilch

Die Mandelmilch ist ein mildes Getränk, das sich schon im Biedermeier bei den Damen größter Beliebtheit erfreute. Man kann es mit einem kleinen Schuß Kirschwasser oder etwas Mandellikör noch feiner machen.

500 gr gemahlene Mandeln, ½ Liter Wasser, ½ Liter Vollmilch, 3 Eßlöffel Zucker, 2 Tropfen Bittermandelöl

Die Milch mit dem Wasser mischen, und samt dem Zucker 3mal aufkochen lassen. Dann die gemahlenen Mandeln hineinschütten, und bei zugedecktem Topf 10 Minuten köcheln lassen. Jetzt das Bittermandelaroma dazugeben und alles durch ein feines Sieb gießen, dabei die Mandelmasse gut auspressen. Die Mandelmilch wird gekühlt serviert.

Heißer Woi

Das wird am Martinstag gemacht

Was gibt es Schöneres, wenn im Winter der Sturm um das Haus heult, als vor einem großen Topf mit dampfendem, heißen Wein seine Abende zu verbringen? Hier ist das Pfälzer Rezept dazu.

1 Liter Pfälzer Rotwein, 1 ungespritzte Zitrone, ¼ Liter Wasser, 3 Eßlöffel Zucker, 1 Stück Stangenzimt, 4 Gewürznelken

Das Wasser zum Kochen bringen, und den Zucker darin unter Rühren auflösen. Dann die Zitrone mit der Schale in ganz dünne Scheiben schneiden, und mit dem Zimt und den Gewürznelken in den Topf geben. 3mal aufkochen lassen. Jetzt den Rotwein dazugeben und alles noch einmal erhitzen, aber nicht kochen lassen. Anschließend den Heißen Wein durch ein Sieb gießen, und in hitzefesten Gläsern mit Henkeln, servieren.

Hascht Du „Wipp" in
Deinem Dibbe,
tust hinterher
Du auch froh wippe.

Eier-Punsch »Wipp«

Warum der Eier-Punsch gerade »Wipp« heißt, konnte mir noch keiner sagen. Er heißt halt »Wipp«, und wenn man genügend davon trinkt, kommt man mit allergrößter Sicherheit ebenfalls ins »Wippen«.

1 Flasche herber Pfalzwein, 12 Eigelbe, $\frac{1}{4}$ Liter Weinbrand, 500 Gramm Puderzucker, 1 große Prise gemahlener Piment

Die Eigelbe mit dem Puderzucker und dem Piment schaumig schlagen. In einen hohen Topf gießen. In einem weiten Topf Wasser zum Kochen bringen, den Topf mit der Eicreme hineinstellen, und so lange in dem kochenden Wasserbad die Creme schlagen (Handmixer), bis sie dicklich wird. Dann vom Herd nehmen und unter ständigem Rühren den Weißwein und den Weinbrand dazugeben. Durch ein feines Sieb gießen und sehr heiß, in hitzebeständigen Henkelgläsern, servieren.

Der Nußlikör,
den wir hier haben,
ist eine, von den
besten Gaben!

Nuß-Liqueur

Dieser köstliche Hauslikör wurde schon vor 200 Jahren in den Pfälzer Haushalten zubereitet, und meistens am Weihnachtstag zum erstenmal ausgeschenkt, und gekostet. Allerdings wird man ihn nur herstellen können, wenn man einen eigenen Walnußbaum besitzt, denn wo soll man sonst 100 Nüsse herbekommen, die unbedingt halbreif sein müssen?

100 halbreife Walnüsse, 1 $\frac{1}{2}$ Liter guter Weinbrand, 600 Gramm Zucker, $\frac{3}{4}$ Liter Wasser, $\frac{1}{2}$ Teelöffel gemahlener Zimt, $\frac{1}{2}$ Teelöffel gemahlene Nelken.

Die Nüsse schälen und sehr fein hacken. Die Gewürze darüberstreuen und gut umrühren. Dann die Nußmasse mit einem Trichter in weithalsige Flaschen füllen, und jede Flasche bis zur Hälfte mit Weinbrand auffüllen. Die Flaschen mit 4fach gefalteten Mulltüchlein zubinden und 3 Wochen an ein sonniges Fenster stellen, dabei alle 2 Tage gründlich schütteln. Nach 3 Wochen den Zucker mit dem Wasser 5mal aufkochen. Durch ein feines Tuch die Zuckerlösung in eine weite Schüssel gießen, und völlig abkühlen lassen. Danach die halbgefüllten Flaschen mit der Zuckerlösung, bis 10 cm unter den Verschluß, auffüllen. Wenn der Likör weitere 14 Tage in der Sonne gestanden hat, und jeden 2. Tag gut aufgeschüttelt wurde, kann er probiert werden.

Ein kleines Kapitel über »Pälzer Woi«

Der Pälzer nennt nicht nur die erste Flasche seines Lebens, nämlich die Babymilchflasche, liebevoll »En Schoppe«, sondern er trinkt sein ganzes, langes Leben lang »soi Schoppe«, nämlich mit Pfalzwein gefüllt. Damit ist ein hohes, schmales Schoppenglas gemeint, in das 0,25 Liter Wein geschenkt werden. Der Pälzer bestellt aber auch »soi Halwe«, und das sind 0,2 Liter Wein.
Und was wird getrunken?
Jede Pälzer Woiwertschaft hat ihre speziellen Weinsorten und die Liebhaber dafür, aber eins ist überall gleich, im Herbst, wenn der junge, noch nicht vergorene Wein kommt, der Federweiße, Bitzler oder Sauser, dann wird er überall getrunken, und dazu Zwiwwelkuche (Rezepte Seite 126–129), Speckkuche (Rezepte Seite 129) oder Lewwerworschtebrot (Rezept Seite 83) verspeist.
Und nun noch ein paar Worte über die wohl bekanntesten Pfälzer Rebsorten.

RIESLING
Das ist eine spätreife, rassige Traube. Die Weine sind frisch, oft herb, mit einer feinen, fruchtigen Säure.

SILVANER
Eine große, fleischige Traube, die einen mild bis herzhaften feinfruchtigen Wein bringt, mit leichter Säure und zartem Bukett.

MÜLLER-THURGAU
Das ist eine Kreuzung aus Riesling und Silvaner. Ein milder Wein mit typischem, zarten Muskatton, abgerundet und säurearm.

MORIO-MUSKAT
Eine Kreuzung aus Silvaner und Weißburgunder. Sehr bukettreich, mit ausdrucksvollem Muskatparfüm.

RULÄNDER
Die Knospen-Mutation des Blauen Spätburgunders. Sehr körperreich, gehaltvoll, tiefgoldfarben und vollmundig.

GEWÜRZTRAMINER
Ein sehr würziger, alkoholreicher, säurearmer Wein, mit viel Körper und Süße.

SCHEUREBE
Das ist eine Kreuzung aus Silvaner und Riesling. Ein kräftiger, fruchtiger Wein, der an schwarze Johannisbeeren erinnern kann.

WEISSER BURGUNDER
Ein vollmundiger, fein aromatischer Weißwein, säurearm mit ausdrucksreichem Bukett.

GUTEDEL
Eine der beliebtesten Tafeltrauben. Der Wein ist leicht, süffig und von geringer Säure.

PORTUGIESER
Ein farbstoffreicher, milder, säurearmer Rotwein.

BLAUER SPÄTBURGUNDER
Ein edler Rotwein, wohlduftend, mit weichem, vollen Bukett.

SPÄTBURGUNDER WEISSHERBST
Ein hellrötlicher Wein, herzhaft, frisch, gerbstoffarm und elegant.

Pfälzer Alphabet für Nicht-Pfälzer

A

Abschmelzen	Ein Gericht mit zerlassenem Fett übergießen
Appel	Apfel
Auschtre	Austern

B

Borzele	Von etwas herunterfallen
Broode	Braten

C

Carfiol	Blumenkohl

D

Deiwel	Teufel
Dibbe	größerer Topf
Dibbsche	kleiner Topf
Dorscht	Durst
Dörrfleisch	Durchwachsener, geräucherter Speck

F

Faschdedach	Fastentag
Fassenacht	Fastnacht, Fasching, Karneval
Fedderweisser	Neuer, noch gärender Wein

G

Gebrätelte	Bratkartoffeln
Gelbrübscher, Geleriewe	Karotten, Möhren
Gequellte	Pellkartoffeln
Grumbeere	Kartoffeln, Erdäpfel
Gemies	Gemüse

H

Handkäs	Sauermilchkäse mit niedrigem Fettgehalt
Hinkel	Huhn

I

Iwwerich	Übrig, etwas bleibt übrig

K

Käschte	Kastanien
Kerb	Kirmes, Kirchweih
Kerschdscher	Krusten, auch Bratkartoffel
Knepp	Knödel, Klöße
Knowwelochs-worscht	Grobgekörnte Brühwurst mit Knoblauchbeigabe
Kraut	Kohl
Krenk	Krankheit, auch schlechter Gemütszustand
Kreppel	Berliner (Fettgebäck)
Krüschdscher	Krusten, auch Bratkartoffel
Kiechelcher	Küchlein

L

Lauch	Porree
Leppere	Etwas in kleinen Portionen genießen
Lewwer	Leber

M

Mangiere	Etwas essen
Metzele	Metzgern, Schlachten
Musik	Essig-Öl-Soße mit Zwiebeln

P

Paradeiser	Tomaten
Pann	Pfanne
Pannekuche	Pfannkuchen
Peterle	Petersilie
Petzen	Wein in kleinen Schlucken genießen

Q

Quellmänner	Pellkartoffeln

R	Rappen	auf einer Reibe zerkleinern
	Rapünzelscher	Feldsalat
	Römisch Kohl	Mangold
S	Sapperment	Sakrament
	Schniss	Mund
	Siedfleisch	Gekochtes Fleisch
	Stambes	Etwas Zerstampftes, Breiartiges
W	Weck	Semmel, Brötchen
	Woi	Wein
	Worscht	Wurst, vornehmlich Fleischwurst im Ring
Z	Zwiwwel	Zwiebel

Notizen & weitere Rezepte:

Sei Lebdag werd keen Schuhmacher reich,
was er verdient, versauft er gleich,
was iwwrich bleibt mit knapper Not,
verfreßt er an Worscht un' Käsebrot!

Inhalt

Suppen

Soßen

Gemüse und Salate

Karoffelgerichte

Fleisch und Innereien

Wild und Geflügel

Käse und Wurst

Fisch

Aufläufe und Pudding

Pfannkuchen und Ausgebackenes

Cremes

Süßes Backwerk

Weihnachtsbäckereien

Herzhafte Bäckereien

Getränke

Wenn Sie sich für weitere Bücher aus unserem Verlag interessieren, schreiben Sie uns oder fragen Sie Ihren Buchhändler. Nachdem Sie dieses Buch kennengelernt haben, werden Ihnen sicher auch unsere anderen Titel zusagen, wobei Sie diejenigen, die wie das vorliegende Buch auch zur Landschaftsserie gehören, alle zu dem gleichen Preis erwerben können.
Eine kleine Überraschung haben wir noch für Sie. Sie können bei uns eine Schürze aus dem Umschlagstoff dieses Buches, aber auch aller anderen Landschafts-Titel unseres Verlages bestellen, besonders zum Verschenken und Selberschenken, zum Preis von DM 18,–. Sie wird Ihnen bestimmt gefallen!

In unserem Verlag sind erschienen:

Das Kochbuch von der Mosel
Das Kochbuch aus Hamburg
Das Kochbuch vom Oberrhein
Das Kochbuch aus Berlin
Das Kochbuch aus München und Oberbayern
Das Kochbuch aus Franken
Das Kochbuch aus Bremen
Das Kochbuch aus dem Münsterland
Das Kochbuch aus Tirol
Das Kochbuch aus Hessen
Das Kochbuch aus Thüringen, Sachsen und Schlesien
Das Kochbuch aus Mecklenburg, Pommern und Ostpreußen
Das Kochbuch aus Schleswig-Holstein
Das Kochbuch aus dem Rheinland
Das Kochbuch aus Schwaben
Das Kochbuch aus dem Ruhrgebiet
Das Kochbuch aus Niedersachsen
Das Kochbuch aus Ostfriesland
Das Kochbuch aus dem Saarland
Das Kochbuch aus Westfalen
Das Kochbuch aus dem Schwarzwald
Das Kochbuch aus Kärnten
Das Brotbackbuch
Das praktische Jagdkochbuch
Hausmachers Schnapsbuch
Das Buch vom schönen Backen
Das Kochbuch aus Kombüse und Pantry
Wir erwarten Gäste

Das Kochbuch aus dem Elsaß (deutsch/französich)

Das Kochbuch aus Basel
Das Kochbuch aus der Ostschweiz
Das Kochbuch aus der Innerschweiz

In Vorbereitung:
Das Kochbuch aus Schottland (deutsch/englisch)
Das Kochbuch aus Lyon (deutsch/französisch)
Das Kochbuch aus der Westschweiz (deutsch/französisch)
Das Kochbuch aus dem Tessin (deutsch/italienisch)
Das Kochbuch aus Graubünden
Das Kochbuch aus Luxemburg (deutsch/französisch)